林語堂作品精選 8

林語堂

—經典新版—

武則天傳

林語堂 著

武則天傳

目錄

武則天傳

目錄

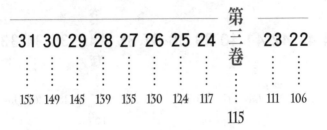

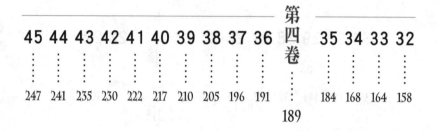

第一卷

1

敝人邠王守禮決心寫下唐室瀕臨滅亡的幾十年間種種精彩，令人心碎的回憶。諸王在當今聖上的領導下回返故居，享受平安的生活，如今已二十四年了。在我們這些歷盡滄桑的老一輩眼中，一切都像惡夢，簡直不像真的。堂兄郢國公璆——王子素節①之子——也是幸運逃生的王侯之一。

在同一陣迫害的風潮裏，他和我都失去了父親。他是好人，曾幫助不少王侯的子弟。他也自小就變成孤兒，童年飽經恐怖、飢餓和徹底的孤寂，在亞熱帶的海南島叢林中流浪，自覺像罪犯的兒子，姓氏中沾上了污痕。他的母親和九位兄弟在同一天遇害，他和三位年紀最小的弟兄則遭到放逐。

他和我常常對坐小飲，聊著我們最不平凡的祖母的種種事跡。他執意以他的父親爲榮，我也以先父爲榮。王子素節和先父章懷太子李賢都是真正的學者，先父曾擔任「太子監國」。這又有什麼用呢？他的父親被人吊死，先父被迫自縊身亡。但是他和我都喜歡說那些往事，像劫後餘生的水手，愛談歷險的經過。

我們怎麼描寫自己的祖母呢，何況她又是一個蕩婦？皇室有一種習俗，包括當今聖上（明皇）在內，大家都不評論祖母的是非，但是對她的姪兒武氏兄弟則直言不諱。談話間偶爾提到她的名字，馬上噤若寒蟬，因爲她究竟是我們的祖母，對不對？我不太贊成這種說法，至少在我的情況中，她是不是我的親祖母還頗成疑問呢；我相信先父是韓國夫人生的，不是她的骨肉，這一點我以後再加說明。

關於這一點，我必須說說最近發生的一件事情。大家都相信我有超人的聽力。時當四月，天氣晴朗乾燥，皇弟歧王來看我們。我隱隱約約覺得不舒服，精神沮喪。

「我打賭要下雨了，」我說。

一點都不假，不到半天的工夫，天氣驟變，傾盆大雨一連下了十幾天。

然後宴席上，我對歧王說：「天快要放晴了。」空中毫無雲破天清的徵兆。

堂兄不相信。

「聽我的準沒錯，」我說。

果然第二天雨就停了，天空又恢復了清爽的景觀。

堂兄報告聖上，說我具有預報氣象的神力，聖上問我是真是假。

「我沒有什麼神力，」我答覆說，「少年時代，我被囚禁在東宮，一年總要遭武氏兄弟鞭打三、四次。聖上年紀太小，大概記不清了。疤痕治好，病根仍在。天氣一變，我全身的骨骼就痠痛不已，天氣快要轉晴，我又恢復了健康，原因就在此。」我又說：「多謝祖母。」

氣氛立刻緊張起來，宛如我有什麼失禮之處似的。

我不相信我們應該這麼拘謹，聖上對我不錯，他對一切弟兄都是如此。當年就是他率兵突擊，打進皇宮，結束了武家的權勢。他內心深處多麼討厭武懿宗、武三思等人！他十幾歲的時候，有一次獲釋出宮，祭拜祖廟。當時武家的權力正達到高峰，武懿宗擋住他和隨員的去路。少年的他大叫說，「你好大膽！這是李家的祖祠。與你何干？」不過他似乎寧願不談祖母的一切。何必假惺惺呢——習慣地把祖先的行徑看成完美無瑕？無論如何，我若不能誠實而坦白地記下先祖母在政治和私德上的奇特行徑和震撼人心的事蹟，這幾卷傳略就不值得一寫了。

時移世易。武家的人已經作古，長埋地下，尚未被人遺忘，卻完全失勢了，一提到祖母，我們的血液就凍結起來；如今回顧多年前的往事，她似乎只像一個氣數已消的魔鬼。有時候，她的浮誇、她的固執和不移的自信，甚至帶有喜劇色彩。她熱愛生命。生命在她眼中是一種遊戲——奪權的遊戲——她至死玩得津津有味。不過她最後選擇的比賽倒像狂想曲，而不像一般固執、任性女子所控制的政治史。她一定想成爲歷史上最有權威、最偉大的婦人。後來她終於失敗，錯不在她；武氏子孫沒有一個人具備她一半的智慧、性格和政治技巧。

我悠閒度日，寫這幾卷傳略可以說是怡情悅性又有價值的工作。我相信這樣對我好處很多。我從來不敢想能寫出像先父傳下的《後漢書注》之類的學術作品，不過我希望能寫一部當時——尤其是皇家——人物及大事的忠實內記。往後我就不再多談自己了。

①諸王的封地時時改變。所以林先生只稱Prince Sujiay而不稱Sujiay, Prince of ××。筆者也譯為王子素節（王子上金，王子旦、王子哲亦同）不寫封國的名稱。

2

太宗貞觀二十三年（西元六四九年），曾祖父太宗皇帝奄奄一息，躺在美麗的終南山淨地，四周滿是鬱鬱蒼蒼的樹木。那是他的夏季別宮，由一條宜人的溪水河谷通往都城長安，滻水是一條潺潺的清溪，由終南山流到南郊「曲江池」附近的別墅區。山脈綿延，變成太白山脈的一部分，但是此處比市區高一千呎，卻是平坦的台地，幽隱自成世界。含風殿式樣單純，具有一般避暑房舍的鄉村風味，是由另一座老宮殿拆下的木材築成的。

太宗皇帝的作風一向如此。他是大唐的開國明君，卻從來不求宮舍的壯觀和華麗，住在隋帝留下來的宮殿中，只零零落落修繕了幾處地方。他知道幾十年的戰亂弄得民窮財盡，大建築需要人民花錢作苦工。他確實在宮殿旁邊建了一座凌煙閣，不過那是用來紀念「二十四勳臣」，他們跟著他轉戰各地，建立了新王朝，使國家再度和平統一。對他的朋友、將軍、戰場同僚表示謝意，這是他另一項特質。這些人都是他麾下的勇士，他們的畫像正是當年爲君王和國家立功的禮讚和紀念。

兩個月前他罹患痢疾，雖然一度好轉，卻始終沒有復原。他似乎失去了一切精力，顯得十分憔悴和衰弱。他直覺大限快要來了。

他五十二歲染病，原本是一個強壯又開心的軍人，對能臣悍將具有高度的袍澤深情。天生是好領袖，以人情味和直爽寬厚的性格而知名，他對臣子的過錯直言不諱，也要求臣子坦白批評他的過錯。他身邊有一群上等的能臣，有勇氣有志節，對他敬愛有加。不知怎麼，大家都覺得他比自己更偉大更優秀。他聞過烽煙和征塵，曾親自領導高麗之戰，又派手下的大將軍攻破了北方的東突厥聯盟，把西邊的疆界拓展到裏海附近的吐谷渾外圍；其他將軍曾由北面攻入印度，逼尼泊爾納貢。

他不擺架子，平易近人，一臉足可「懸弓」的硬鬍子，對人民具有真正的同情心。這份愛民之心正是大唐強盛的關鍵。他頗得民心，而人民對大唐的忠心最後終於粉碎了武則天的迷夢。我提到這一點，可以和後面的內容作一比較。

有一次他探訪監牢，看到幾個死刑犯。「你們死前想不想回家看看父母？」犯人簡直不相信自己的耳朵。「喔，我是當今聖上。我放你們出獄。回家看看你們的父母和子女吧。秋天再回來受刑！」

犯人既驚訝又感動。他們獲得自由。秋天一到，全部自動回來受刑。他們罪有應得，卻滿心情願和感激。當時死刑犯必須經過地方性的三審，然後上訴大理寺，由門下省和中書省的代表共同審理。太宗這次施恩完全是一時的衝動；不該一再施行。不過總是件好事——仁厚的衝動正好顯露出他的性格。

如今他因病而憔悴，頓時想起後繼的問題，太子是晉王，日後繼位爲高宗。

家庭生活方面，老皇帝並不快活。他摯愛的賢后前幾年就死了，只享壽三十六歲。讀者千萬別以爲我是厭惡女人的怪物——我對於其他皇后的描述是頗有把握的——此處我必須稱頌一位賢妻和好女子。臣子冒犯皇上，皇上大發雷霆的時候，她總是支持臣子，幫丈夫保住大臣的忠心。她哥哥長孫無忌是良臣謀士，她卻從來不讓哥哥掌握大權。她病重將死，有人建議大赦天下來撫慰神明。她說，「不妥。那等於把我個人的福利看得比國法更重。人的壽命都有定數。若說行善可以延長幾年的壽命，我自知沒有做過壞事。如果行善不足以延壽，祈禱又有什麼用處呢？」她吩咐大家把她葬在現有的山丘，不必爲她另堆土丘建立墳陵，以節省民間的勞力。她說過，埋葬的用意只是遮閉屍體腐化的過程，免得別人看見。

她真是一位見解不凡的賢明女子。太宗有她陪在身邊，難怪如此偉大。她盛年夭亡，卻留下了賢德的美名。她一死，太宗哀痛萬分。他對前來弔喪的臣子說，「我知道人都會死。不過危難之時她一直支持我，良言勸諫。失去她，我等於失去好伴侶和好朋友。所以我很難承受——太悲痛了。」

她去世以後，他完全變了一個人。他沉迷女色，廣召妃嬪，心境卻完全不同。從此沒有繼立皇后。後來么女十二歲死亡，也在他心中留下無可彌補的瘡疤。她是最得寵的公主。晉陽公主文靜孝順，太宗上朝的時候，她常常跟在他身邊，送到虔化門爲止。她的小名叫兕子——小名的來源一向很難解釋。兕子和雉奴（高宗）年齡相仿，彼此很親密，雉奴第一次上朝接受太子的訓練，她號啕大哭，以爲他永遠不回來了。

小公主死後，太宗多情的個性表露無遺；他常常垂淚，整整一個月毫無胃口。「我深愛此女，」侍僕勸他進食，他解釋說：「我忍不住悲傷。不知道爲什麼。」

這就是帶給百姓正義及和平的仁君，他在戰場上勇敢善戰，弓法很準，他曾率兵攻入突厥的心臟地帶，但是家居卻非常溫和仁厚。

3

我們必須瞭解他爲什麼選了柔弱的雉奴當繼承人，也許這是他一生最大的錯誤。他有十四個兒子，分別由十位后妃所生，其中長子承乾、四子泰、九子治（別名「雉奴」）都是賢明的皇后所生的。這三個人有機會當繼承人。

有時候好竹偏偏生出壞筍，在子孫方面，連皇帝都不一定能從心所願。太子承乾是紈褲子弟，常常和戲子、娼妓及孌童廝混。有一次他叫朋友們打扮成突厥人，圍著他跳喪葬舞曲，他則躺在地上裝死屍，然後跳起來嚇他們。他就喜歡這一套玩意兒。皇帝雖然請了全國最佳的學者來當他的老師和諫臣，卻沒有辦法叫他改過向上。

四子李泰應該是最合理的選擇。其實太宗私下決定把皇位傳給他。他英俊、嚴肅，又是學者和作家，每一方面都是明君的最佳人選。皇帝讓他住在朝堂武德殿附近，撥給他的例費比太子還要多。李泰的影響力日漸增強，太子覺得很不安。弟兄間的爭執和牢騷使父親非常懊惱。最後，太子帶兵叛變。叛變很快就平息了，父親卻以他爲恥。

有一天下朝後，皇帝叫國舅長孫無忌和另外兩位大臣留下來，陪他進內宮。他們進宮後，皇帝大發雷霆，「天下竟有這樣的兒子！」他一邊咒罵，一邊抓起牆上的寶劍，作狀要自殺。長孫無忌當然加以勸阻。長孫無忌是凌煙閣二十四勳臣之首，太宗一向信任他的忠言。

「現在怎麼辦？」他問道。這時候李承乾已遭放逐，卻沒有處死。皇帝必須做一個重大的決定。立李泰為太子，兩個人之中一定會有一個被對方殺掉。

「依我看，聖上該立晉王治為皇嗣，」長孫無忌說。

「雉奴？……也許你說得對。他們兩個人的鬥爭未免太過分。我相信不是泰兒殺死乾兒，就是乾兒造反殺死泰兒。若立治兒為皇嗣，他們兩個人都可以保住性命。他慈孝忠順，也許太柔弱了一些，不過……我不知道。」

賢明的太宗犯了一次大錯。他立高宗為太子，只為了保全一個不肖浪子的性命。高宗太柔弱，太沒主張，太膽小，無法統治強大的帝國。父親開始懷疑了。有一天他對長孫無忌說，「你要我選治兒……我實在不知道……」

不過，繼承的問題總得斷然決定，免得再啓戰端。於是皇帝頒布詔令，大意是說前太子已遭廢立和放逐，現在改立晉王治為太子，誰若再爭王位或者再啓爭議，將受到嚴厲的處罰。

晉王治今年二十二歲，已經娶妻，並有了四個兒子。他是一個緊張兮兮的人物，心地善良，卻沒有自信，也不夠精明。父親愛他慈孝的性格，他的忠貞和馴服。曾為他選了一個好妻子，日後變成王皇后，現在與他共同生活。太子的地位特殊，自有一套薪俸、老師和人員，學問和品格方面通常都要接受特選老臣的教導。就算在山區裏，太子也自有一座別館，就在太宗宅邸的東邊。

太宗臨死前幾天，特召請他最信任的兩位大臣前來接受遺命。一位當然是長孫無忌，另一位就是褚遂良，此人廉潔公正，皇帝待他有如結拜的弟兄。這是特殊的榮寵，也是沉重的責任——奉召執行皇帝的吩咐和遺言。皇帝知道他的兒子需要人扶助，他信得過這兩個人。往後我們就知道，太宗的付託沒有錯，但是他錯估了一項要素——太子本身。

長孫無忌、褚遂良、太子及太子妃此刻正在含風殿的皇帝寢宮裏。皇上抓住褚遂良的手說：

「這些年來，二位一直為我忠貞服務。我召你們來接受我的遺囑。二位知道太子秉性溫文慈孝，我把他和太子妃交給你們，保護他們，指導他們固守我立下的傳統，維護皇室的前途。一切都交給二位指揮。」

這就等於封長孫無忌和褚遂良為「顧命大臣」，和新皇帝情同叔侄甥舅，長孫無忌本來就是他的親舅舅。

皇帝轉向兒子和媳婦，要他們一膝屈跪，接受新職。

「只要有遂良和無忌輔佐你，你用不著擔憂，」他對兒子說。

於是他要褚遂良記下遺囑。事成之後，他對遂良說，「無忌自始等於我的左右手。我贏得王位，打下江山，全靠他的協助。慎防他被奸人陷害，你若辦不到，就是不忠於我。」

遂良鎮定答應，皇帝知道褚遂良一諾千金。卻不知道他將來得對付一個女人；如今就在他們坐臥的房間裏——身分只是一名侍妾。

4

當時武則天是太宗的一名侍妾。依據大唐的典制，皇帝有一后、四妃（貴妃、德妃、賢妃，淑妃）、九嬪（昭儀、昭容、昭媛、修儀、修容、修媛、充儀、充容、充媛）、二十七世婦（婕妤、美人、才人各九名）、八十一名御妻（寶林、御女、采女各二十七名），統稱爲「後宮佳麗」，都可以承受帝王的「恩澤」——這是皇帝帶一個女人上床的特殊說法。當時武則天的身分只是六品的才人。

她十四歲進宮，如今已二十七歲了。看她沒有升上更高的地位，再想想她的能力和野心，她一定自感懷才不遇，落落寡歡。太宗不喜歡果斷的女子，他喜歡女性溫順些、陰柔些。他在武家發現這個女子，他父親參加戰役，女兒入宮是一大榮寵。

她能幹、盡責、聰明，將皇上的衣室管得井井有條。她個子很高、健康、結實、臉型方方的，下巴強韌優美，眉線清晰，鬢角寬闊，做人一向有板有眼，永遠知道自己的主張；不過，老皇帝覺得她身爲女子確實有些可怕。祖母晚年曾對吉頊說起一段舊事，吉頊又高又壯，看不起她那位瘦小如稻草人的姪兒武懿宗。

「我年輕時代侍候太宗，」她說，「皇上有一隻駿馬，名叫『獅鬃』。誰都制服不了牠。我對皇上說：『我能，只要給我三樣東西，一條鐵鞭，一支鐵錘，和一把短劍。鐵鞭若制服不了牠，我就用鐵錘。如果還制服不了，我乾脆把刀刃刺進牠的喉嚨。』皇上很佩服我的勇氣。」

年才二十的女子，這樣真夠勇敢了，當然，這是她的片面之詞。皇帝一定嚇了一跳，何況，這也不是馴馬的良方。用鐵錘馴馬當然是創新的舉動，受制的馬兒非死即跛。後來我常常想起這個故事，大唐宗室就是她立志「馴服」的名馬，最後終於被她弄跛了。

武則天才智過人，萬分冷靜，野心大極了。她雖然不喜歡藝術和文學，倒也受過相當的教育；她對宮裏宮外的事情非常感興趣，一看就知道她熟悉宮中的常規，知道身邊的一切情況。她能幹又聰明，喜歡支配一切，可惜遇到太宗，一點機會都沒有；在太宗眼裏，她只是許多侍妾之一，他不欣賞她方方的扁臉和寬闊的額頭，他喜歡的是細皮白肉的纖弱女性，有趣、迷人，卻不過度充滿理智和責任感。武則天私下過著嚴謹的生活，照她的野心標準來說，她一定自覺懷才不遇，落落寡歡，進宮十四年，親侍皇帝左右，身分卻只是才人而已。她失敗了！但是她驚人的冷靜頭腦不容許她在言行方面顯出半點挫敗的形跡。

後宮佳人就數武則天智能最優秀。她把注意力轉向太子，其他宮人沒看出什麼機會和情況，她卻看到了。老皇帝一死，高宗就要登上龍座。她以高宗爲標靶，實在是很輕鬆的標靶，她已經衡量過他，一個二十二歲的青年，見識過幾名女子——柔弱、放縱、多情，討厭各種運動，卻很容易爲美女動心，渴求新奇的歡樂。這兩個月皇帝臥病在床，他常常看到她，四周全是皇帝的眷屬，武則天年輕、健壯，還算豐滿，總是站得直直的，當然她不會忽略宮廷的髮型和化粧。高宗仰慕她身上一切自己缺乏的特性——健康的身體，安詳的外表，聰明的腦袋，尤其是旺盛的精神。

在父親面前不得不裝出正經的樣子，這樣反而給他們的韻事帶來一股刺激，但是機會總是有的，在過道和前廳，在花園裏——遠遠使一個眼色，默默微笑，或者有意無意碰一下身子，偷偷親一下。成熟的婦人開始挑逗多情的小王子，後者注定要上鉤。她永遠語帶雙關，她說她渴望太子殿下的「恩澤」，願意盡心盡力「侍候」他。在一個傾身獵食的少婦口中，「奉獻」、「恩寵」、「忠心」等宮廷辭彙都因曲解而生色。高宗一步一步受到鼓勵、欺哄和迷惑，終於爲她神魂顛倒。

在皇帝背後，太子和宮人的韻事小心進展著。高宗不顧禮法，心中充滿希望。這件事具有一切戀愛的幻想，她是他的戀人，他必須得到她，佔有她，不計一切代價。

「妳作何打算？」老皇帝問她。

「妾立誓削髮爲尼，爲皇上的英靈祈禱，」武則天悲哀地說，眼眶上淚光閃閃。依照傳統，皇上的妻妾都要削髮為尼，因為她們的身體只能屬於他，神聖不可侵犯。

老皇帝舒了一口氣。大臣李淳風是一流的星象家，能預言日蝕，分秒不差，他也是占星家。他曾告訴皇上，三十年後有一位姓武的人會起而毀滅唐室。現在誰不相信命運呢？縱然你不完全正視這種預言，卻又不能完全拋到腦後。當然，一個尼姑絕不會篡奪江山！

幾天後，太宗去世了，屍體運回城內。為了避免多生枝節，褚遂良和長孫無忌叫太子跪在棺木前面，馬上立誓登基，於是皇帝的死訊和新皇登基的公告就可以同時對外發佈。靈柩運回城裏，四千名軍士和騎兵在街道上列隊相迎，全國都為明君的逝世而悲哀。

在終南山僻靜處，大家正在安排葬禮，武則天已經開始侍候年輕的皇帝，就像她侍候先皇一樣。她還是才人，掌管他的服飾。她親眼看到太子在先皇靈柩前立誓登基。高宗年輕又膽怯，面對眼前的重任，不覺感到茫然。他是父母憐愛的么兒，一向跟在父母身邊，他對重責大任萬分驚惶，居然忍不住趴在褚遂良肩上痛哭失聲。這一切武則天全看在眼裏。

長夜守靈，武則天負責侍候年輕的皇帝。在安放先帝遺體的幽暗大廳中，白燭高立，滿室真臘（柬埔寨）異香，他們有機會單獨會面。靈堂裏定時上香祈禱；一陣活動緊接著一段沉寂。大家都躡手躡足，只低聲說話。

高宗是孝子，理當隨時守在棺材邊。武則天隔一段時間就進來一趟，為他端茶送水，看他累了就說要代他守一會兒。她低著頭，身穿白喪服進進出出，看起來真是一幅悲哀的畫面。她不只爲自己陪侍幾年的先帝悲傷，也爲自己難過。心裏亂糟糟，不肯接受殘酷的命運；她實在不相信此生就這樣完了，她的才幹和前途都要埋葬在尼姑庵裏。

跟前沒有別人的時候，高宗找機會和她說話。這位少婦傷心欲絕。

「原來妳真的要離開我們？」新皇帝說。

「我不願離開你們。不過我又有什麼辦法呢？天人阻隔。哎，我甚至不想跨出宮門一步。不管在尼姑庵或在別的地方，我永遠不會變心，我永遠不會變心。」

「妳其實不願走，對不對？」

「誰願意呢？我只希望事情不是這樣，希望我能隨侍君側，隨時幫助你。不過，如此奢望未免太傻了。我要再見你一面，你若不完全忘記我，我將十分感激。」

「忘記妳？不可能！」

「你如果不完全忘記我，偶爾到廟裏來，讓我能再見你一面，我就別無所求了。至於我，此生就此完結了。」

「別說這種話，妳還年輕。」

武則天含淚笑笑。「如今你是皇上，我只是一名侍婢。」

「難道就完全無望嗎？」

「會有別的辦法嗎？」

高宗默默不語。

少婦看了他一眼。「就算你貴爲天子，也無能爲力。」她故意激他，因爲她知道高宗是容易感情用事的。

「喔，誰說我不能？我想做什麼就能做什麼。」

「不要做出傻事來。我只求你想起我的時候，到廟裏來看看，我的心完全屬於你，你是知道的。我得再見你一面。」

「我答應妳。」

這是他們私下長談的最後良機。後來幾天，高宗一直被朝臣和侍衛所包圍，在喪禮中善盡孤哀子的責任。

喪禮過後，先皇的姬妾都準備遷入感業寺。有侍僕、宮女和其他命婦在場，他們沒有機會談話，只有道別時刻，高宗進去看她收拾行李，她揮淚低語說：

「君無戲言？」

「君無戲言。」

武則天穿著孝服，跟著其他女子上了馬車。進廟之後，她和別人一樣削髮爲尼，她渴望新皇帝依約來看她——他是天子，什麼事情都能隨心所欲，而她知道怎麼鼓動他。

5

她確實有辦法。

有一天高宗去看武則天時，發現她淚流滿面。她悔恨交加，羞得無地自容。尼姑居然懷孕了，責任在他，因爲這幾年他曾經來看過她幾次。

說到這裏，我要提出一個宮廷年鑑曾加掩飾的論點。高宗上元二年（西元六七五年），她的長子李弘去世，時年二十四歲（照西方算法是二十三歲），那麼他一定是高宗帶武氏入宮那年——也就是永徽三年（西元六五二年）出生的；唯一的可能就是她在尼姑庵懷了李弘太子。

高宗回去和王皇后商量，王皇后大喜，非常合作。這些日子她曾默默流下多少眼淚，因爲王皇后遭到了極大的困擾，有一個迷人、伶俐、美貌、健談的蕭淑妃，已經取代了她在皇帝心目中的地位。蕭淑妃也生了一個兒子，就是王子素節。

王皇后無子，太子李忠是認養的。蕭妃貌美、心毒而善妒，她憑著宮中權術，加上甘言和讒言，王皇后的地位眼看就要受到威脅，她硬是比不上她痛恨的對手，她要以毒攻毒。

人人詬病的亂倫醜事又算得了什麼?女人一旦激起了女性的本能，體面禮法都可以拋到九霄雲外。

在皇后的積極協助之下，懷孕的尼姑被人偷偷帶進皇后的宮殿，事情可以保密，等孩子生下來，她的頭髮也留起來再說。武氏也許委曲了一點，不過賭注很高，武則天打算大賭一次，兩個女人馬上聯手對付美麗任性的蕭淑妃。要讓兩個女人密切合作，最好的辦法就是讓她們共同恨第三個女人。

武則天對這種遊戲玩得津津有味。她知道新皇的弱點，便使盡渾身的解數來滿足皇上的欲望，無恥地煽動他的胃口。年輕人的身體本來不怕糟蹋，但是新皇帝天生孱弱，床笫之歡不免影響到他的健康。高宗得到意外的滿足，漸漸把蕭淑妃置之度外。但是高宗樂昏了頭，武則天卻不然，說不定她在龍床上頭腦比感情用得多。她是一個成熟的婦人，年紀比他大五歲，她心中已靜靜構想出許多大計劃。高宗不是壯碩、陽剛的典型——他少年時代就不喜歡爭逐和運動——但是他慈孝多情，正是她深知會被果斷型女子操縱的那一種人。

由尼姑庵進宮，又變成皇帝的寵妾，武則天已經克服了奪權的最大一層障礙，日後她還要清除無數其他的障礙。武氏一旦有了機會，皇帝馬上就在她的掌握之中，只要把皇帝哄睡就成啦。

她從來不把這個人放在眼裏。因為她是武則天。武則天既已發動，絕不會貿然止步的。她何必止步呢？她可以把皇帝、皇后和皇妃玩弄於股掌之上，她也確實辦到了。她的運數清明，路途明顯，目標不可動搖；她不需要別人扶助，自可由才人爬到最有權威、最令人畏懼的皇帝高位。換句話說，武氏具備一切女性的優點——獨缺「謙卑恭順」。

武則天還有幾項不平凡的特性，腦子聰明到極點。她擅長計謀的遊戲。她全力討好王皇后。皇后覺得她聽話、有禮，對她畢恭畢敬，提出的忠告又十分中肯。她從來不直接反對皇帝的意願，卻提出暗示，建議或微妙的譏諷，以無私、客觀的諍言來表達個人的目標。她從來不要求自己要的東西，說不定還儘量做些她不想做的事，高宗覺得她迷人、能幹又討人喜歡，現在正被她柔美、愉快卻牢不可破的鎖鍊團團圈住。

王皇后去除了蕭淑妃對皇帝的影響力，心中傻傻地暗自高興。她經常誇獎武則天，武則天很快就升任「昭儀」，僅次於「妃」。皇后引武氏進宮，等於用一個更圓滑、更精明、更兇狠的女人來取代輕浮而任性的蕭淑妃，自己卻毫不知情。

武氏回宮還不到一年，整個皇室已經在她的掌握之下。宮殿生活最重要的一面，愚人往往看不出來——最重要的一面不是國王，也不是王后，而是僕人——除了妃子、婕妤和才人，還有一群群的宮女、廚師、丫鬟。

皇后是一個端莊的女人，稍嫌呆板，深知自己的地位。她不大看得起傭人，也不肯降尊爭取他們的好感，她的母親柳氏對宮僕尤其粗暴無禮，在宮女眼中顯得萬分可憎。宮中的陰謀一定有傭人當媒介，這一點對武氏真是生死交關；武則天手段靈活，以友善的態度和慷慨的作風贏得宮中一切下人的好感，遇到下人有不敬的危險時，還不時遞上一兩個警告的眼色。每次收到皇帝的賞賜，就把宮女叫進來——尤其是盡力討好她的宮女——厚賞她們——首飾啦，金銀啦，絲帛啦，愈聽話賞得愈多，於是宮女都願意告訴她一切消息，她對皇后寢宮和整個宮殿的事情瞭如指掌，她聽來的消息一定轉告皇上。其實皇宮充其量也不過一里寬兩里長；她如果連那一小塊地方都控制不了，她就別想當歷史上最有權威的皇后了。

在武氏心目中，繼續當昭儀未免太可笑，因爲她始終抱著更高的目標。下一步就是除掉王皇后，取而代之，以她的才幹來說並非難事。她必須推翻晉身皇后的每一道障礙。皇后私德嚴謹，潔白無瑕，她找不到過失或漏洞，武則天需要無窮的耐心。

6

機會終於來了。她生下了一名女嬰。她聽到小孩是女嬰，突然想到一個好主意。天知道，祖母可不是一個輕言挫敗的人；她懂得利用惡劣的情況。我們千萬別為武氏的行為而吃驚，從現在開始，我們必須習慣一個想法：她是很不平凡的婦人，專做不平凡的非常之事。上蒼對她很不錯，讓她生下一名女嬰，真是再好不過了。

有一天，女嬰出生只有十天左右，不曾生育的皇后特地來探望嬰兒。她抱起女嬰，逗弄一會就放回搖籃中。下人宣告皇后來訪時，武則天故意迴避。客人走後，她回到屋裏，把嬰兒捏死，用棉被蓋住。她知道皇帝散朝之後會來看她。

高宗來了。武則天是快樂的母親，忍不住談到可愛的嬰兒。

「把娃娃抱出來給皇上看，要包好哦。」快樂的母親對一名貼身宮女說。

宮女把小孩抱出來，母親接在懷裏。她驚惶失措，小孩居然不睜眼、不活動、不呼吸，她死了！武則天嚇慌了，假裝傷心發狂。

「怎麼回事？早上還好端端的，」她絕望地說，一臉不相信的狂態，大聲爲愛女夭亡而泣啜。

「我們以爲她睡著了。」訓練有素的宮女說。

做母親的擦乾淚水，精神還沒有完全崩潰，她問道，「我不在的時候，有沒有人進過房間？」

「皇后來過。她來看娃娃，逗弄了一會兒，就放回床上了。」

武則天和皇帝四目交投，簡直難以置信；皇后居然做出這麼可怕的事情！

高宗說，「皇后最近很忌妒妳。不過我沒想到她會做出這種事情！」

皇后當然不承認。但是有什麼用呢？誰叫她不爭取下人的好感？最後一個鐘頭只有她碰過孩子呀。

高宗一向不喜歡皇后，如今更嫌惡萬分。她現在對武則天的醋意不下於當年忌妒蕭淑妃，但是一個母儀天下的人，吃醋是不體面的，可憐的武氏，她只默默垂淚，哀悼亡兒——皇上對她不禁萬分憐愛。

「我想廢掉這個卑鄙的女人。她不配——不夠資格……」

「別想這件事了。事情已經過去，」武氏體貼而大度的說。「不過我可以升到和蕭淑妃平等的地位，對不對？」

升遷並不簡單，宮廷禮法規定，皇帝只有四妃，高宗想另創「宸妃」的名位，但是朝廷有典制存在，皇帝並不能爲所欲爲，門下侍中韓瑗和中書令來濟都表示反對。武則天只好聽從他們的決定。她已經升到情勢許可的最高地位——除非后妃中有人剛好死掉——不管死因如何——否則就沒有辦法。不過命運不肯創造一個偉大的女人，一個偉大的女人自會創造她自己的命運。

7

高宗永徽六年（西元六五五年），時機終於成熟了。王皇后似乎想用巫術和驅魔術害死皇上，使他胸部劇痛難當——他患有狹心病，武則天知道，說不定會送命呢。皇后床下搜出一個木人兒——她對自己的使女居然毫無防備！上面刻著皇帝的姓名和生辰八字，還有一根針插入木偶的心臟。有人密告皇帝，他親自帶人去搜。

皇后等於現行犯。她驚駭交加，連話都說不出來。除了否認再否認，她有什麼辦法洗刷罪名呢？她跪地呼冤。她有什麼理由要他的命呢？她猜到是誰叫人栽贓，但是一切證據都對她不利。她現在知道自己趕走了一條蛇，這回卻喪生到毒蠍口下。

宮中和朝廷議論紛紛，大官驚駭，小吏猜疑。王皇后用邪術來害死聖上嗎？還是有人設計害她？如果她施法術來害死別人——例如蕭淑妃或武氏，不是更合情合理嗎？這件事簡直不可思議。皇后不可能自己動手，她一定要請女巫來替她執行，一定要有共犯。女巫叫什麼名字？盤問宮女就可以找出證據，或者推翻這個罪名。如果廢立，誰最有希望受封為皇后？武則天一直很活躍，三年前她爲皇上生了二子一女——女兒也就是被捏死的女嬰。她有權封后。

反對及支持王皇后的戰爭開始了。群臣騷動。據說皇后想害死皇上，馬上就要廢爲庶人。當年奉太宗遺命照顧皇帝和皇后的褚遂良和長孫無忌感覺出眼前的風暴。這個說法無論從哪個角度看來都難以置信。武則天知道事情並不簡單。但是她一旦開始，就不肯罷休。皇帝穩穩站在她身後。只要皇帝意志堅決，大臣又有什麼辦法呢？

在這次危機中，有一個大臣許敬宗發現，他若支持武氏，一定有機會飛黃騰達。許氏能言善道，官居弘文館學士兼禮部尙書，現在開始大肆活動。他以篡改史實而知名，缺乏史家的責任觀念，所以大官往往能花錢在史料上買得一席之地，或者隨買主的喜好將戰爭的勝負和褒貶歸因於某人。許氏獨排眾議，四處遊說要升武則天爲皇后，他來找魏國公長孫無忌，長孫無忌馬上要他閉嘴，幾乎所有的大臣都知道宮中正醞釀著什麼，誰都不喜歡那種氣氛；他們支持王皇后，反對先皇遺孀之一的武氏，立先帝之孀爲皇后是不合禮法的。

太宗死後，褚遂良和長孫無忌全力保持先皇太宗立下的好傳統。他們每天召進十位大臣，和他們討論國家的情況和問題，應遵行的政策以及執行的方法。太宗當年託孤之時，更特別囑託二人善事幼主及皇后，如今遭遇此事，所以認爲事情非常嚴重，如無充分正當理由和調查，皇后是不能廢立的。而且她又是先皇親選的兒媳婦，讓皇帝立先父的一名遺孀爲皇后，使亂倫合法化，這真是下策中的下策。這一步驟很容易影響皇帝的威信，敗壞帝國的整個政風。爲國家著想，也爲他們個人執行太宗遺囑的義務和責任，他們理當對抗此種淫亂之事。

武則天知道，朝臣中以長孫無忌最得勢。他是三公之首，官居太尉，又是皇帝的親舅舅，非爭取他的支持不可。如果長孫無忌贊成，其他的人也就沒有什麼問題了。她建議高宗親自到公孫府拜望，她願意陪同前往。

皇帝降臨臣屬家，這是特殊的榮耀，值得在一位皇帝的實錄中記上一筆。下人宣告皇帝駕到，太子太保長孫無忌懷疑他來訪的用心，他看到武氏同來，才恍然大悟。

「舅母呢？」武氏柔聲說。

原來是家常拜訪。皇家的貴客被請進屋，太子太保出來迎接他們。高宗和武氏都萬分親切，武則天尤其熱情、愉快又誠懇。他們設法交談，但是雙方都不提起他們要談論的事情，他們坐著坐著，直坐到晚餐時分。

長孫無忌自然請他們留下來用餐。皇帝和武氏這才發現天色不早了，他們相談甚歡，竟不知道時間過得那麼快。他們當然接受了邀請，反正也沒有別的事情要做。

「男男女女都坐在一桌吧，全是自家人。」武氏建議說。

宴席擺上桌來，大家舉杯共度良辰。長孫無忌的四個兒子都出來陪客。皇帝邊吃邊問他的兒子做些什麼，其中一位已經成年，另外三個才十幾歲。長孫無忌是一個剛正不阿的人，太宗時代，他曾堅決反對設立世襲的爵位。他的長子目前擔任校書郎，皇帝聽說他另外三個兒子還沒有榮譽官銜，當場就說要頒贈朝散大夫的官位。

長孫無忌不好意思，連忙客氣回絕。

「咦，舅舅，」武氏說，「你對國家的功勞比誰都大，請你接受吧。朝廷理當要有所表示，這是你應該得的權利。」

盛情難卻，長孫無忌只好叫兒子們下桌，拜謝皇帝的恩寵。

接著又互相敬酒。氣氛輕鬆自在，大家都很快活。皇帝終於鼓起勇氣，提到本人的事件，暗示皇后無子，理當廢掉。

武氏一句話都不說，默默觀望。

長孫無忌像一個老練的外交家，不斷哼哼哈哈，不直接答覆問題，他不說「是」也不說「否」。他認爲，這麼重要的問題應該仔細考慮，不能草率行事。

高宗察覺舅舅不太贊成，心裏很不高興，一夕言歡卻仍毫無成果。宴罷，皇室的客人就告辭而去。

第二天，武氏以皇帝的名義送了十車絲帛和金銀財寶到舅父家。武氏的生母楊氏親自運送，讓他們明白武氏對皇帝的舅舅敬愛有加。

在長孫無忌看來，這個動作未免太明顯了，昨夜他的兒子封官，現在又送金銀財寶來。武氏自以爲能買通他嗎？他選了幾匹絲帛，象徵性接受皇上的好意，其他的全部退回宮中。

8

武則天似乎遭了極大的反對。三公、門下侍中、中書令似乎都聯合反對廢立王皇后，改立武昭儀。政府的最高機構分爲三部分：(一)門下省，和皇帝最接近，處理一切奏章，皇帝的答覆、命令和詔示。(二)中書省，由中書令和兩個中書侍郎爲首，在政策方面需輔佐和勸諫皇帝。(三)尙書省，管理眾臣，不設首相，政府中沒有專擅的首領。名義上，尙書令是首相，但是爲了紀念親任首相之責的太宗，這個官位始終虛懸著。尙書省的領袖是左右僕射，地位和中書令相等。大權操在皇帝手中，下有大臣數人，襄佐皇帝，參與機要，決定大計。

門下侍中和中書令通常都是大官。門下省的工作是查閱詔書，謄寫之後，再交尙書省執行。但是任務並不止於此：門下侍中和門下侍郎有權利也有責任把聖旨交還國君重新考慮或修改，甚至駁回。太宗時代，皇帝曾指責門下不該漫不經心、完全通過一切聖旨。

「你們的功能何在？如果我只要你們傳遞詔命，我只要找些職員就成了，用不著能幹的人才來擔任這個工作。」

三公和三師的實際影響因人而異。可以無足輕重，也可以非常重要。他們用不著操心政府的問題或政策，但是若有人參與，則每一個問題和政策都有權過問。

現在大官堅決站在同一條線上：尙書右僕褚遂良，太尉長孫無忌，門下侍中韓瑗、中書令來濟，大家都支持王皇后。還有一位司空李勣，是僅存的老將之一，善良誠實，爲人過分小心謹慎，遇到危機也許比較靠不住。太宗臨死前，突然發出驚人之舉，把李勣流放到外地，私下對兒子說，「李勣爲我肯赴湯蹈火。這是個人的忠貞。他不虧欠你什麼。我故意把他調開。試探他的心意。他若抗命，我就處死他。但是他已經受命出京，你可以召他回來，親自提拔他，他會忠心爲你效命。」

大官們在偏殿集合，等候上朝的鈴聲。長孫無忌把褚遂良拉到一邊，告訴他皇帝造訪的事情，以及席間的談話。其他大臣都站在附近，緊張兮兮等候風暴的來臨。總得有人先開口，自然是長孫無忌囉。

「不，讓我來，」秉性剛勇的褚遂良說，「皇上斥責自己的親舅舅，未免太尷尬。」

「那就讓司空李勣先說。」

「也不能，他的官職太高，如果皇上心意已決，我敢說，反對立武昭儀的人一定會遭到大禍。」

「那你自己呢？」

「喔，我算不了什麼。我出身寒微。在我來說，這是職責所在，義不容辭，我曾接受太宗的遺命。他託我照顧兒媳，我若辦不到，我就無顏見先皇於地下。」

鈴聲一響，大臣魚貫上朝，皇帝坐在龍座上，後面隔一層紗簾，武則天就坐在裏面，聆聽她最切身的重大議事。

高宗先告訴朝臣，皇后以巫術謀害本皇。謀殺通常要判死刑的，她已經不配母儀天下。他主張廢后。

褚遂良上前一步說，「陛下，臣的職責就是勸皇上不要採取這個步驟。皇后是先帝親選的，先帝駕崩前，曾抓住臣下的手說：『我把兒子和媳婦交給你了。』殿下也親耳聽到。皇后並未證實有罪，不該廢立。」

高宗靜靜拿出小木人。「眾卿請看，」說著交給大家傳閱。木刻的人像上有皇帝的名字和生辰八字，一支長針直插入心臟。

「為什麼不展開調查呢？」褚遂良說，「一定是別人雕刻的，一定有共犯，有證人；還有宮女認識的巫師或女巫。聖上怎麼知道小木人不是別人栽贓陷害呢？」

皇帝悶聲不響。

門下侍中韓瑗上前支持褚遂良的看法。「恕臣下斗膽直言。輕易改立皇后，終非國家之福。臣子怕朝廷和全國都會引起騷亂，我同意右僕射褚遂良的看法，皇后是先帝選的，不能廢立。」

長孫無忌正要開口說話，皇帝大叫說，「把他們轟出去！」

褚遂良和韓瑗告退，朝覲就猝然中止了。

9

當天晚上，幾位大臣在長孫府私下會商，長孫無忌的私交好友也在場。下午他們得到消息，柳奭已經免職了。柳奭是王皇后的舅舅，曾當過中書令。武昭儀似乎認真動起手來哩。

「柳奭遭了殃，」長孫無忌說，「看來很嚴重。我們明天怎麼辦呢？」他問褚遂良。

「我們怎麼辦？當然是堅守立場啊。我的責任分明，沒有妥協的餘地。」

長安令斐行儉也和大家一樣義憤塡胸。他精通數學陰陽之理，深曉禍福之道。「如果讓這種事發生，就是毀滅的開始了。」他說。

第二天早朝，氣氛非常緊張。大家等待上朝的命令，突然聽說斐行儉被免職了（他日後變成大將軍）。居然這麼快。有一位大臣名叫袁公瑜，昨天晚上聚會他也在場，事後匆匆向武則天的母親楊氏報告斐行儉的談話。

「又去了一個，」褚遂良傷心地說。他冷靜地告訴大家，他一定要阻止這任事，不然就提出辭呈，不惜接受罷官和放逐的命運——他都不在乎。任何事情都有可能發生，他知道自己該如何做法。

群臣再度魚貫上朝，臉色凝重。高宗引孟子的話說：「不孝有三，無後爲大。皇后無子，武昭儀卻有子嗣。我心意已決。」

褚遂良從容上前，跪在龍座前方，手上握著大臣覲見一定要拿的牙笏。

「臣的職責是提醒陛下記取先皇的遺命。臣不能忽視當年對先帝許下的諾言，陛下也不該忽視。陛下心意已決，臣無話可說，謹將朝笏交還陛下。請恕臣別無他法。」

他將牙笏放在龍座前，重重的叩頭，表示強烈的抗議。

高宗大吃一驚。褚遂良的態度傲慢，聲調粗魯。

突然簾幕後方傳來清脆、急躁的聲音，「把這名奸徒殺掉！」那是女性卻又不太有女人味的聲音，全殿都聽得見。

長孫無忌說，「褚遂良只是盡他心目中該盡的職責，不應該獲罪。」

「把他拖出去！」高宗下令說。

朝覲又猝然中止。褚遂良被免去右僕射的官職，派往貴州山區擔任小官。大臣違逆聖意，通常都用這種方式來處罰。褚遂良走了，無愧於良心，毫無悔意，卻不知道未來的命運如何。

10

高宗現在很有男子漢的決心，堅定果決，頗有帝王氣概——因爲有武則天站在後面撐腰。他不顧大臣的勸告，一意孤行。他不是皇帝嗎？當然是嘛。

從現在開始，我們可以看出皇帝身邊的近臣一天天改變。國王永遠不愁找不到隨聲附和的人。韓瑗和褚遂良等人漸漸被許敬宗、李義府之類的小人所取代。弘文館學士許敬宗現在四處爲皇帝的行爲而辯護。「農夫遇到好收成，有時候也停妻再娶呢。皇帝有何不可？」

高宗和武氏發現，最後一天，司空李勣根本沒上朝，也許他態度柔和些。高宗當然要找一位大公來爲皇后加冕。他試探這名老將的態度，李勣說，「這是皇上的私事，臣子無權插手。」

事情就這麼決定了。皇上頒布一道聖旨，王皇后有罪，廢爲庶人，囚禁在宮裏；武昭儀升爲皇后。這道聖旨一頒布，這樁敗壞倫常的醜聞遂遍揚於天下，轟動四方，給大眾憑添了不少茶餘飯後的談話資料。新皇后是先帝的侍妾之一，她還當過尼姑；最糟糕的是，她在尼姑庵就懷了皇帝的小孩，她顯然是「淫婦」嘛。全國都感到很不體面，老臣爲什麼不阻止呢？他是阻止啦，褚遂良爲這件事罷官，已經遭到放逐了。大家覺得皇上不對，但是以前也出過這種事情，皇上不好，而且受制於奸詐的女人，大家一點辦法都沒有。朝臣和百姓一樣，也覺得這件事像龍座上的一團陰影，邪惡、討厭，卻又難以避免。茶樓酒館議論紛紛，長孫無忌坐在家裏悶悶不樂。

封后的日期訂在十一月，只剩一個月了。武后才不願意委委屈屈隨便冊封呢。武則天不幹——立后是大場面，要比皇帝登基更豪華、更壯觀；要讓天下人都知道武則天正式變成他們的皇后了。我們可以說，她本來就適合華麗壯觀的場面，那些排場等於她的生命。她就喜歡這一套。她要給人深刻的印象，也知道一般人喜歡不平凡的印象。

許敬宗當然是準備一切大典事宜的最佳人選。該做的事情有千百樣，時間卻很短——后袍啦，馬車啦，皇后的新印信啦，歌曲，音樂，舞師和表演人啦，接待儀式啦，準備讓王子、王妃、公主、朝臣和眷屬們參加盛典……等等。

那一天到了。鐘鼓齊鳴，大殿擠滿朝臣和高官，武則天由侍兒扶出場，頭上綴滿金釵珠鈿，身上穿著「褘衣」——皇后在祭天祭地等大場合穿的正式長袍。海藍色的緞子，上面用手工畫上彩虹色的飛鳳，一條寬寬的紅帶子由裙子中央垂到裙側，腳穿金繡鞋，束帶和垂飾都與皇帝相同。

她冷靜莊重，下巴勻稱優美，眼睛又大又亮，看起來每一吋都像威嚴的皇后。也許在那一天封后大典上，最從容的就是武則天本人。

皇后的印信由司空李勣裝上玉盒裏交給她——多年後，李勣的屍體被她狠狠挖出來凌辱。她登上后座。接著有人宣讀聖旨，朗誦富麗而莊嚴的四言賀詩，彈奏莊嚴的古樂，典禮就完成了。

然後是一項史無前例的安排，新皇后要在皇宮西面的肅義門樓接受文武百官及番夷諸賓的朝賀。皇后御用的長而大的鳳輦已經準備好，車身是藍色和金色，有八扇窗子，都設了紫色的窗框和簾幕，車頂和後輪則漆成朱紅色。輦的兩旁飾有雉翎，用以表示是皇后，馬的鞍轡韁鈴都是金光奪目。鳳輦之前，有衛士在前面開道，衛士身穿全套衣服，還有皇室出巡場合特備的旌徽儀隊。

到了門邊，她登上門樓，站在樓台上。諸王百官、藩族代表都跪在她腳下的廣場上，全部穿著正式的朝服，前排穿著金帶和玉帶的紫袍，是諸王和三品以上的大官；第二排身穿淺紫色袍，佩有金帶，是四品官；後面穿藕荷色袍，佩金帶的是五品；深綠淺綠加銀帶的是六品和七品，以此類推。

武后露出優雅的笑容，向臣民答禮。然後乘輦回到皇宮，又開了一項新例，在內廷接見百官和異族代表的夫人。大家都佩服她的威儀和冷靜，儘量不去想她的出身。有些貴婦人覺得她的嘴巴太大，暗示她生性貪婪；還有人被她唇部的線條，或者冷酷的眼神嚇壞了，認爲她是一個果斷的婦人，祖母從來不害怕，她喜歡看人，和人會面，與人交往，接受大家的奉承。這一天她已經打破不少先例。

接見完畢，宮中大宴賓客，由皇家專設的戲班表演歌舞，還有一般的雜耍節目。大家玩到半夜。那天晚上祖母可真累壞了。

11

武氏耐心等待並籌劃了三年，她的野心終於實現了。當然這只是開端；皇后的地位可能有很大的意義，也可能一點意義都沒有，這全看一個人怎麼運用她的機智。她想起廢立囚居的皇后和蕭淑妃，不覺大笑——她們實在太傻了。她還爲長孫無忌、褚遂良等人的反對而生氣。基於女性的本能，她知道這些強人是她丈夫的支柱，只要有他們在，她就不能爲所欲爲。許敬宗這種人當然比較對她的胃口，她需要一個走狗，她要讓大家知道：支持她的都會得到厚賞。她鞏固權力的公式非常簡單：

「順我者昌，逆我者亡！」

那年冬天，許敬宗升任爲「待詔」，等於私人秘書，奉命每天早晨在朝堂的西門上班。她還讓長孫無忌等人留住原職，因爲她不想太快顯出自己的作風，這些都是有權力的人，在大臣之間頗有威望。她不怕他們，但是她要正當行事。每一件事情都應該顯得合理合法。許敬宗精通法律、章程和先例，由他來進行真是再好不過了。如果她突然罷黜這些大臣，她就不是武則天了，因爲她不可能成功。她必須等大眾習慣了她的存在，皇帝精神更差，許敬宗的地位和影響力更鞏固，她才一個一個對付他們。

這種不動聲色，深思熟慮的耐心正是她的優點。她的第一個舉動——絕對安全的舉動——就是廢掉年少的太子李忠，把她的長子李弘立爲太子。

但是那年冬天出了一件事，使她拋掉一切自制力，表現出盲目的怒火。那是女人對情敵的憤恨——兇狠野蠻的惱怒，是與生俱來的怒火。高宗馬上就要看出他妻子的性格了。

高宗實在不應該去打擾囚居的廢后王氏和蕭淑妃。這是他的一大錯誤。他天生心軟，又悔恨交加，有一天武后出門探親，他就去看這兩個人。他獨自逛到後院，心裏覺得內疚不已。他發現房門深鎖，只有一個小洞供傭人送飯，不覺大吃一驚。失寵的后妃通常被打入冷宮，至多是軟禁。不過這回可是真的囚居哩。

他由洞口叫道，「皇后、淑妃，妳們在哪兒？」

過了一會，他聽到裏面傳來慢吞吞的腳步聲和微弱淒慘的口音。

「我們已失寵蒙羞，沒想到聖上還叫我們舊日的頭銜……求皇上看在以往的份上，放了我們，只要讓我們自由就好了。我們會把這個地方叫做回心院，向皇上謝恩。」

高宗十分感動。「別擔心。我來想辦法。」

高宗還不瞭解他的妻子。她到處設有眼線，皇帝的一舉一動都向她報告，他不知道有人跟蹤他。武則天回來，皇帝偷訪冷宮的消息馬上傳到她的耳朵裏，顯然他還想念那兩個女人嘛，她可不能冒險。

皇帝還沒有機會開口，她就說話了。她說，據報告，皇帝去看過那兩個女犯，是不是真有其事？皇帝連忙否認。

「喔，沒去就好。」

以後我們會接二連三看到，一個遲鈍、緊張、平凡的男子和一個堅決、機警、咄咄逼人的女性輕而易舉推翻了一項決定，事情也完全改觀。

皇帝若承認他不該去看她們，也許還好些。武則天立刻下令僕人將那兩名女犯各鞭打一百下。然後切斷手足、雙臂和大腿反綁，丟入大酒桶內。

「讓這兩個賤人銷魂蝕骨吧！」她說。這個措辭本來是形容魚水之歡用的。

不出所料，幾天後，兩個女人相繼死亡。下人報告她們的死訊。

「她們是不是銷魂蝕骨了？」她懶洋洋微笑說。

「是的，皇后，」傭人回答說。

武后現在讓許敬宗完成其他的工作。在法律上來說，死去的皇后犯了叛國罪。武后封后前一個月，她的舅舅柳奭已經被免職了。不過她還有叔伯。這些人和王皇后及蕭淑妃的親族被流放到南方的廣東。皇后的父親王仁祐已死，但是她的子孫都封了世襲的爵位。許敬宗一向對武則天百依百順，便向上力爭，說皇上對叛徒未免太寬厚了，應該削去王仁祐和子孫的一切官位和榮銜，將王仁祐開棺戮屍。高宗覺得這樣未免太過分，不過他確實削除了岳父死後的謚號——等於折磨他的英魂——也讓武后的復仇工作延伸到墳墓裏。王家的子孫全部貶官流放。

武后萬分得意，現在竟無情又粗魯地用起雙關語來，趣味實在低俗。她想起皇后姓王，與「蟒」字同韻，蕭淑妃姓蕭，與「梟」字同音，於是下令這兩家的人應該分別改姓為「蟒」和姓「梟」，這樣得罪她的人才算受到了恰當的處罰。

她生命中的一章早結束了，至少她自以為如此。

武則天的第一步走得很順——只是起步而已，她踩著兩個女人的屍體登上權力和成功的境地。

12

武則天除掉王皇后和蕭淑妃，如今泰然自若地進行每一位賢后應該做的事情。她對自己說，她並不是真心恨她們；只是她們擋了她的路而已。她並不喜歡這麼做，不過既然做了，她絕不會爲此事多愁善感。

祖母天生冷酷，狠心，永遠謀劃著更大的措施。隨手殺人引不起她的興趣。她注意大事，一心想做壯麗浮誇的大事，帝王才能做的大事。她當皇后很稱職。她覺得妙極了。衰弱、害羞，多情的高宗承繼了大唐，她要唐朝比先前更大。她要高宗變成堅強的統治者，她自會助他一臂之力。如果別人阻礙了她的計劃，她會斷然除掉他們，就像她對付王皇后一樣。堅實的王朝就應該這樣構成才對。

封后不久，她陪丈夫到太廟祭祖，最重要的功用就是告訴神明：武則天已經變成皇家的兒媳婦，當然會忠誠侍候丈夫和祖先。她秘密的野心是不是當時就已成熟，誰也不知道，日後太廟發生了一場精彩好戲，部分祖先的祭品被她削除了。如果太宗和高祖地下有知，他們在墳墓裏都會翻身呢。但是，目前她卻盡心盡力扮演兒媳的角色。

武則天是一個傑出的風頭人物。第二年春天，她遵循古禮，在養蠶大典中躬親操作，表示她和民家婦女一樣要養蠶織布。一切都是象徵，和皇帝在祭地大典中手握鋤頭一樣，用來說明生命的根本，衣食都由男耕女織而來。

武則天對大眾看得很清楚，她自己便是最好的廣告代言人。她不像王皇后，她始終非常活躍。她要教全國的妻子道德的生活。她掛名編了一本書，名叫《內訓》，強調婦女在家守分的重要，例如服從丈夫，善待夫家親戚，尤其在有權有勢的官宦人家，更不能對娘家的人有私心。看看未來的發展——她自己娘家的人濫用權勢——這本小冊子尤其饒富趣味。目前讀者倒看不出任何形跡。她相信儒家的禮法；她支持宗教；她是賢妻的楷模。妻子不應該指使丈夫，不應窺探丈夫的舉動。她贊成社會的一切公論；由她的女德小冊子看來，這一點是毫無疑問的。

反對偏袒皇后親戚的忠言是不是針對高宗的舅舅長孫無忌而發，倒不太清楚。不過，她發現女德論用起來很方便，因爲她有幾個同父異母的兄弟，她真心想除掉他們。

異母兄弟武元慶和武元爽是她們母女的眼中釘。她父親先娶了一位鄉下姑娘，生下這兩個兒子。原配死後，他才繼娶現在的楊氏，楊氏生了三個女兒，武則天是次女。父親死後，兩個兒子當家，對繼母冷淡又傲慢，楊氏恨之入骨。父親曾任官吏，現在兩位異母的哥哥都在皇宮附近的衙門裏做官。

楊氏如今貴爲皇后之母，被封爲夫人。有一天，她對兩個繼子說：「還記得以前的日子嗎？現在又如何呢？」她簡直得意萬分。

「確實有點尷尬，」兩兄弟說，「妹妹現在當了皇后。別人會誤解，以爲我們因爲她才封官，不是因爲父親呢！」

弟兄二人侮慢依舊，楊氏怒火中燒，將一切經過說給女兒武后聽，武后想起了她的女德論。她把異母的哥哥流放到偏遠的省分去當一名小官，正如聖旨上所說，皇后對自己兄長也是一樣大公無私的。

這是她最溫和的措施。元慶一到南方的龍州就命喪黃泉。元爽卻死得不這麼容易，他又二度流配到更荒遠的地方，遭受控告，被處死刑。這二人之死，遠在千里之外，一個半野蠻的荒僻小縣，甚至不曾在優雅的宮廷生活中激起一絲漣漪。

現在只有一樣東西破壞了武后的幸福，那就是宮中的貓類。她對這些小動物怕到極點。王皇后和蕭淑妃遭受鞭打的時候（打在三個地方：背部、臀部和大腳），王皇后認命，蕭淑妃卻咒罵嘶喊，揚言要報復，「願阿武變成老鼠，我變貓兒，生生扼她的喉嚨！」

武則天相信巫術和轉世，如今深怕夜晚睡夢中遭到惡狠狠的黑貓攻擊。這種事情也許會發生，因爲宮殿裏坐落在靠近北面城墻的低處，老鼠很多。她寧願看見千百個老鼠，也不願看見一隻貓，於是把貓也流配出皇宮之外。

不知怎麼個緣故，她總是做惡夢……在夜夢裏尖聲喊叫……她睡覺確實常常叫出聲。更嚴重的是，受害的女子陰魂不散，常常在宮裏宮外徘徊。身邊沒有別人的時候，武后常常看到冤鬼出現，面孔血淋淋的，披頭散髮向她飄來，然後就不見了。這件事帶來重大的政治結果。她看到冤魂，遂大築新宮，最後又由長安遷都洛陽，害百姓花了數以百萬的錢財。

這些幽靈使她非常不自在。高宗顯慶二年（西元六五七年）正月，她的三子李哲出生才兩個月，她能夠旅行了，馬上動身前往洛陽。幸虧她出門的時候，冤魂沒有打擾她，但是她一回宮，冤魂又回來了。那個地方壓得人透不過氣來，她處境很慘。她渴望再到洛陽去，那兒也是前朝的名都之一，次年七月和十二月她又兩度前往，儘量久居不回來。她愈來愈喜歡洛陽，因爲在那邊她才覺得快樂。

最後，她終於廢置那間鬧鬼的宮殿——至少在她心目中是一間鬼屋。她一向關心丈夫的福利，逢人就說皇上有風濕痛，因爲宮殿的地基太矮太濕了。爲了皇上的龍體，她要在乾燥的高地基上建一座新宮殿。當然免不了要花錢，不過，皇上的健康和幸福畢竟要優先考慮。

皇宮後面是寬廣的御花園，園裏有小山丘自西北的大山綿延而下。她選了一塊地方，就在北城牆外，舊宮東邊，中間隔著一大堆東西向的私家花園。於是舊宮荒置，新宮——原名叫蓬萊宮，現在叫大明宮——就此誕生了。

13

武則天從來不健忘。褚遂良走了，但是她和長孫無忌、韓瑗、來濟的舊帳還沒有算清呢。她還記得，另外有幾個人反對她封后，有的態度曖昧，有的置之不理。許敬宗凡事都向她報告，她對大臣瞭如指掌。例如長孫無忌就置身局外，一語不發。他不願意多管政事，整天閉門編著一部太宗和高祖的史書，他自己也是書中的要角。另外還有人不上道。武后最討厭別人有獨立思想，最受不了別人反對她的主張。韓瑗和來濟都是元老重臣，態度剛正，直言無諱，都是不畏縮、不奉承、不肯附和皇后陛下的人物。高宗天生軟弱，沒有決心，時當壯年，看起來卻像一條吱吱嘎嘎的破船。武后喜歡秩序和風紀，在她眼中，朝廷顯得亂糟糟的。

現在應該考慮她的權力，建立一個她牢牢控制下的政府了。我們都記得，祖母曾提起那一匹不馴服的悍馬，以及鐵鞭、鐵錘和短劍的故事。她要用鐵鞭整頓朝廷。像馬戲班一樣，她要劈劈啪啪抽幾鞭。

第一鞭要抽門下侍中韓瑗。除掉太子太保長孫無忌是她真正的目標，因爲他是皇帝的支柱，最堅強的角色，不容易爭取到她的陣營來。武則天不先動長孫無忌，可見她頗有政治天才。他最受尊敬，應該留待別人一一毀滅，他孤獨無依的時候再動手。

韓瑗剛好給武則天第一個機會。他大膽要求聖上赦免褚遂良。褚遂良流放異地，他一直耿耿於懷。等了一年，他以為自己身為褚氏好友和門下侍中的身分，應該為好人平冤。太宗傳統下培養的大臣還具有不少英氣，願意為國策堅定自己的立場，不惜冒犯皇上，必要時丟官去職，也毫無怯意。

有一天，韓瑗在朝堂上宣讀一份事先寫好的奏摺。

「遂良竭忠公家，親承顧託，一德無二，千古凜然。此不待臣言，陛下自知之矣。無聞罪狀，斥去朝廷，內外氓黎，咸嗟舉措。遂良可為社稷忠臣。昔微子去之，而殷國以亡。張華不死，而綱紀不亂，陛下無故棄舊臣，恐非國家之福。」他繼續引述歷史上的例證，一國將亡，一朝將衰，都始自忠臣離散。以往的賢君總是鼓勵衷心的批評和建議。陛下亦當如此。最後他說，「而遂良被遷，已經寒暑。違忤陛下，其罪塞焉。優願緬鑒無辜，稍寬非罪。俯矜微款，以順人情。」

韓瑗也許不知道武后坐在簾背偷聽，也許根本就不放在心上。他讀完，皇帝說，「我敬重你的說法。不過我認為你把事情看得太嚴重了。我知道褚遂良是正直的好人，但是他對我過分無禮。我為忤君而罰他，難道不對嗎？」

韓瑗鎮定回答說，「臣下恐怕有別的看法，善政首先要舉用好人，問題是陛下要找馬屁精還是男子漢。我們常說，一隻蒼蠅可以污染一塊白布，臣下唯恐這個作風會引進自私自利的小人，驅走正直良臣。」

韓瑗接二連三引用前例，不禁忘記自身的處境。「詩經說，『赫赫宗周，褒姒滅之』，臣下不願見大唐走上滅亡的道路。」

提到惡名昭彰的亡國之后褒姒，確實很不恰當，缺乏說話技巧，這等於公然污辱皇后。武則天在朝堂上不發一言，但是她悶聲不響更可怕。韓瑗的命運就此注定了。

「你可以告退了！」高宗咆哮說。

韓瑗很失望，回家便寫了一份辭呈。皇上拒收。韓瑗替好友請命，反而害褚遂良流放到廣西的桂林。情勢不妙，好政府似乎漸漸衰亡了，只剩空殼存在。

第二年，韓瑗和來濟被扣上謀反的罪名，說他們和王子李忠圖謀不軌，武則天計劃將他們一網打盡。她想起十三歲被廢的太子李忠，沒有人會支持他。他的生母出身微賤，養母王皇后如今也死了。她覺得此人處境很有趣。她可以說他謀奪王位，然後誣陷長孫無忌、韓瑗、來濟和一切不附和她的人是共犯。凡是意見和她不同、或者妨礙她計劃的人都是可惡的李忠黨羽，國家的大敵。往後幾年的政治都圍著可憐的李忠打轉，但是他十幾歲就飽經迫害，一直生活在恐懼之中。

韓瑗被流放到海南島，來濟則送往另一邊的浙江海岸。

這種遷徙完全看皇帝的興致，許敬宗用不著列出犯罪的證明。這件事可真可假，若真有其事，王子李忠不可能活命，兩位大臣也早該斬首了。不過真真假假都無所謂。不管有沒有證據，許敬宗知道皇后完全支持他。許敬宗輕而易舉升爲門下侍中。

不幸事情並未了結。許敬宗仔細斟酌本案，終於認定叛亂以褚遂良爲首，在桂林發動，難怪韓瑗擔任門下侍中的時候要把褚遂良送到桂林去。褚遂良再度流放到更遠的地方，這次真正遠達文明之外的河內。他寫了一封哀淒的短箋，呈給高宗，說高宗當年在太宗棺木前宣誓繼位，還曾伏在他肩上痛哭呢。他深悔不敬，要求皇上讓他平安度過晚年。結果沒有回音。

一年後，褚遂良在河內去世，埋骨異鄉。兩個兒子同時流放到該地，也在那一段時間內夭亡。來濟的下場也差不多。這就是他反對武氏封后應得的懲罰。不過這也是典型的武氏手法；凡是反對她的人都不能寬恕。於是一個正直勇敢的人物就這樣喪生了，後代將永遠尊崇他的忠心和他對國家的貢獻。

14

韓瑗、褚遂良和來濟都在鐵鞭下垮台。現在長孫無忌孤單單一個人。他感覺到未來的風暴，便繼續撰寫前二朝的歷史。一共有八十卷，完成之後，他會獲得兩千匹絲綢的封賞。

如今巨斧落在太子太保長孫無忌身上，他是太宗建立唐朝最親密的助手。除了長孫無忌，皇后還要毀滅和罷黜幾位大臣，例如將軍于志寧，他也是太宗的舊黨，對時局不聞不問。隨時都有某人和李忠共同謀反的說法。

顯慶四年（西元六五九年）春天，許敬宗拼命找到一名證人，控告長孫無忌牽連李忠謀反案。長孫無忌有一個朋友韋季方貪汙被捕。許敬宗現在官居中書令，兼大理寺卿，寺內全是他的手下。判官答應把韋季方從輕發落，只要他肯證明長孫無忌的罪狀。韋季方也許真的收了賄賂，但是他不肯出賣忠臣。幾經折磨，他還不肯從命，並企圖自殺。他割破身上好幾個地方，眼看就要死了，許敬宗無法逼出供詞，但是看他快要斷氣，就向上報告說：韋季方承認叛黨的領袖是長孫無忌，不是褚遂良。

高宗大驚。他下令許敬宗手下一個姓辛的官吏再調查。雖然垂死的證人根本不能說話了，結果卻和原先一模一樣，更證實了原先的看法。

「姓辛的是傻瓜，」高宗說，「我的舅舅絕不會做出這種事來。他何苦來哉？」

許敬宗早就想好了答案。陛下看得出來，長孫無忌對政事漠不關心，是不滿份子。他主張優先立李忠爲太子，現在李忠被廢，他覺得自己處境維艱。而且，他一向反對武后，如今怕地位喪失，就陰謀重立李忠，保持自己的權勢。

高宗心裏很難過，罷黜長孫無忌等於割斷他的右手。他遲遲不簽發逮捕令。他嘆一口氣說，「我真慚愧，自己家裏竟出這種事情！」

但是，許敬宗堅持要立刻逮捕長孫無忌。他提醒皇上，長孫無忌在朝廷和將領間有堅強的人望，現在陰謀敗露，也許會逼得他立刻採取行動，不能耽誤時間。而且，皇帝應該將國法置於私情之上。

「讓我考慮考慮，」高宗說。他沒有勇氣說要面見舅舅。那天晚上，在武后陪伴下，他具簽逮捕太子太師兼太尉的逮捕令，並且把他流放到黔州（現在的貴州）。長孫無忌是名人，他的名字和太宗連在一起，與大唐開國息息相關。高宗下令讓他保持爵位和官銜，一路上，百官要以一品大臣的禮節招待他。

一個人失寵流放，要除掉他就不難了。第二年，許敬宗派一位大理正出門，也就是大家力保王皇后期間，在長孫府吃完飯去楊氏家告密的袁公瑜。他叫袁公瑜逼長孫無忌拖別人下水。長孫無忌當然不答應。

「你何不上吊呢？」大理正說，「反正你死了，我就會替你簽上供詞的。」

面對無可避免的命運，太尉長孫無忌——也是太宗的大舅子——只好上吊自殺。至於大理正上報的長孫無忌供詞嘛，據說判官還沒有出京就已經事先把供狀寫好。

一路上，袁公瑜還奉命去調查韓瑗，使出對付長孫無忌的那一套辦法。幸虧韓瑗已死了，差人開棺驗屍，韓瑗和長孫無忌的家屬都配往廣東，收為奴隸。

可憐的廢太子李忠如今已十八歲了，他眼看自己的名字扯進一切他根本不懂的謀反案件中。他被貶為庶人，流放並囚居在長孫無忌自殺的地區。他看到身邊的一切，甚至太子太保長孫無忌也不能身免，不禁緊張兮兮怕人害他，後來真的遇害了。他常常改扮女裝，經常換床鋪，以免人家暗殺他。恐懼一天天增長，晚上他常常做惡夢，突然由床上跳起來。他常常找算命先生解夢，他憔悴孤獨，無親無友。顯然他的繼母武氏覺得他的一條小命還派得上用場，因為誰也不能和一個死去的僭位者共同叛變呀！

武則天得勢不到五年，太子太保長孫無忌、褚遂良和韓瑗先後喪命。①在「忠」黨陰謀的陰影下——歷史家認為一切罪狀都是許敬宗捏造出來的——一切元老重臣，太宗的夥伴，全部被剷除一空。他們還把另一位老臣于志寧將軍也網羅在內。只有將軍李勣乖乖聽命。朝廷上的忠直剛正之士都已肅清，在位的都心懷畏懼，知道非在武后面前奴顏婢膝不足以苟活。武后的親信小人許敬宗、李義府都飛黃騰達起來，對武后一味逢迎諂笑，畢恭畢敬。武后已經把大唐的天下牢牢地控制住。

①來濟又憤怒又絕望，結果在戰場上拚命衝鋒，被敵殺死。

第二卷

第二卷

15

高宗斷了羽翼，如今權力盡失。皇后並沒有奪取他的權力；權力是慢慢溜走的。朝堂上，祖母對於一切政策都有斷然的主張，他卻拿不定主意，或者茫然不知所措，這能怪祖母嗎？她垂簾聽政的次數愈來愈多。而且她的意見永遠說得清清楚楚，決心很堅定，理由很充足。

在這一方面，她確實是好幫手。高宗知道大臣比較喜歡附和她，遵照她的命令行事。現在沒有人像韓瑗或來濟能阻撓她的意見，必要時肯維護自己的主張了。

政府統治得順順利利，太順利了。行政統一，沒有反對的呼聲，沒有需要克服的頑強因素，沒有人對皇后陛下說一個「不」字。許敬宗、李義府和袁公瑜等人構成了組織完善的整體。這些人貪汙腐化，強佔人民的妻子和地產，對皇室並沒有直接的影響。李義府的敲詐尤其出名。他母親去世，喪禮的行列排了好幾里。這又有什麼關係呢？皇后希望看到聽話的人有權有勢，盡享榮華，而這一切她都有權給予或收回。

皇帝到了三十二歲，身體漸漸不行了。顯慶五年（西元六六〇年）第一次病倒，從此就一陣陣頭昏眼花，風濕痛，經常頭痛和背痛。龍朔元年（西元六六二年）雙臂麻木，時好時壞。他常常無法上朝，就算上朝，心緒也不能集中。他愈衰弱，他的妻子愈強壯。帝后間的私事招來不少閒言閒語。

他的家居生活並不快樂，而且很寂寞。有些男人天性嚴謹，有些卻被迫過著清心寡欲的生活，皇后醋勁大得發狂。他的後宮有四妃、九嬪、九婕妤、九美人、九才人和八十一名御妻又有什麼用呢？後宮佳麗想起王皇后和蕭淑妃的命運，誰也不敢和皇帝同房，自掘墳墓。所以武氏上場之後，只有她為高宗生過孩子。這是少有的現象。他的父親有十四個兒子，分別由十位后妃所生，此外還有二十一個女兒。高祖有二十二個兒子和十九個女兒。當今聖上（明皇）大約有六十個子女。

看樣子，武氏淨化了婚姻關係，皇帝過著純粹一夫一妻的生活，根本不像國君。武氏斷定：太多女人對健康有損。制度應該改變，而且已經改了。宮中不再有皇妃、昭儀、婕妤、才人或美人。為了皇帝的尊嚴，他的後宮必須充滿佳麗；皇帝總不能像和尚或貧窮的農夫吧；那樣諸王會恥笑他的。不過，人數必須減少，功能也改為皇帝修德的女助手。

為了修德，宮中創立了新的體制，人數遞減了，階級最高的二人名叫「贊德」，位同皇妃，次一級的名叫「宣儀」，共有四人。不但頭銜聽起來很清高，而且這幾位女官都儘量勸誡皇帝不要脫離貞德的窄路，這是大家都相信的事實。其他宮女也分別指派了恰當的職務——整理臥室啦，照顧衣櫥啦，傳送命令啦，跑跑腿……等等。於是大大淨化了宮中的道德氣氛。高宗的兄弟和堂兄弟都很同情他。

不過，有一個人例外。

武則天有一姐一妹，妹妹死了。姐姐嫁給賀蘭氏，但是現在已經守寡。她如今受封爲韓國夫人。身爲皇后的姐姐，她來來去去都不受一般宮中禮法的約束。她和皇室同桌進食，宮中也備有她的住處。國王漸漸喜歡她。他們的關係很特別，所以有人傳說先父章懷太子李賢是韓國夫人生的，不是武后生的——這個問題我到後面幾章再描寫。

不過，國王看上的女子，往往會吃下她們不該吃的東西，突然意外死亡。有一天，韓國夫人中毒了，抽筋而死。當然也可能是巧合，還有幾位和國王過分接近的女人都走上相同的命運。御膳房有官吏專門負責防止這種意外，居然會出這樣的事情。高宗很難過，但是看死者的親妹妹若無其事，只說她是誤食某物，叫人調查，他也不敢多問。

韓國夫人中毒身死，猝然改變了皇帝和皇后的婚姻關係。他悶悶不樂。找不到談話的對象，也沒有人分擔他的思想。他感到四面都是高牆，對外生活完全依賴武后，在家也不自由，一舉一動都有人監視和限制，他不能接近任何一位女子。他痛恨這謀殺他心上人，甚至連自己的親姐姐也不放過的潑婦。

但是說也奇怪，他居然爲不合法的戀情而感到罪過，認爲他和韓國夫人交好，才害她送命。他害羞、自疑，對皇后畏懼三分。在她面前，他處處做錯事，遭她指責。為了紀念韓國夫人，皇帝把韓國夫人漂亮的小女兒封為魏國夫人。他變得緊張暴燥，這名年方十餘歲的小女孩是他唯一的安慰。他為什麼不能做一個真正的國君，為什麼他不能做自己愛做的事情呢？一個永遠錯不了、永遠自信的能幹太太實在叫人吃不消。在她面前，他絕對不能輕鬆片刻，不能做做傻事，或者有不負責任的行為。他對她有些厭倦了，想要來一次最後的叛變。事情的經過如下。

新建的蓬萊宮是為他而建，一半也是實情，因為他現在經常頭暈、骨痛和發麻。但是也因為舊宮有冤死的女鬼出現，武則天希望完全改變氣氛。新宮殿不只是一棟新廈，還有全套的大廳、朝堂、私邸和花園，包括太子住的東宮、藏書館、門下省和中書省衙門……等等。政府由鄰近的十五個地區徵調了十萬人來工作。百官都奉命捐出一個月的薪俸來贊助工程的開支。一切都是新的，比隋帝留下的舊宮來得大，也來得壯觀。

武后坐立不安，永遠活躍，皇帝實在吃不消。她喜歡新奇的建築，新奇的名號，新奇的創作。龍朔二年（西元六六二年）二月四日，一切政府機關的名稱無緣無故查閱更改，八年後又改回原狀，至少這樣她覺得自己有一番建樹，不是遵循先皇的例規。她相信自己的命運，一切真真假假的天堂吉兆她都歡迎。高宗的年號她已經改過兩次了。

有一次，外地的一名農夫在洪水中看到一隻鱷魚。鱷魚在污水裏看起來真像一條龍。說不定是龍呢。她相信一定是龍——皇帝最吉祥的徵兆。她就把年號改為「龍朔」。新的朝堂含元殿落成之後，她又改了一次。據說孔子等聖人出生的時候，必有麒麟出現。有人看到御膳房丟出一隻鹿趾骨，就說也許是麒麟。一定得是麒麟，於是年號又改為「麟德」了。

她更改年號實在讓人心煩，不過後來愈來愈嚴重。她相信文字的魔術——我要提一下，她常常把王子的學名改來改去。還有她喜歡隨興致或幻想而發號施令，或者在早餐說，「我想到一個新名字了！就這麼叫法吧！」以後她還改過曆法，把十一月當做正月。她只要說「今年從十一月開始」就行了，然後又說「今年再從一月開始吧！」有時候一年改兩次年號，於是一年就有三個年號，例如武則天「大周」元年（西元六八四年，先取名嗣聖，又改為文明，再改為光宅）就是一個例子。她一生總共用過三十三個年號，真是女性善變性格的絕佳紀錄！別朝皇帝通常只用一個年號。

新宮現在出了幾件怪事。新建築的用意是要武則天脫離鬧鬼的舊宮。但是冤鬼似乎跟著武則天來到新宮了——這也難怪，兩座宮殿是相連的嘛。人類十五分鐘就可以走到，幽靈更不用說了。武后請來一位姓郭的巫師，唸咒文並燒道符來驅鬼。這些可疑的行動一連持續了好幾個晚上。誰也不知道皇后晚上閉門驅鬼是何居心。她和道士夜夜獨處。據說除了她自己以外，活人都不能靠近，否則冤鬼就不會來。屋裏一片孤獨和寂靜。

有一名太監把武后夜間驅鬼的消息告訴皇上，皇帝聽了怒火中燒。別說他們的會面很可疑，光是召見男巫和驅魔師就是一項大罪，當年王皇后就因此受罰，甚至斷送了性命。

高宗腦子裏興起一個念頭，不過他膽子小，還不太有把握。自從韓國夫人去世後，他們的婚姻關係非常緊張。他懷疑皇后謀殺他的愛人，也就是皇后自己的親姐姐，但是他沒有說出來。他整天愁眉苦臉，悶悶不樂。正娶六、七年，他漸漸看出妻子的狠心、狡猾、野心、無情，以及她的優越感。以前她一直迎合他，現在卻擺出一副恩人面孔，不斷糾正他，駁倒他的意見。至於兩性生活，他發現自己對她冷淡下來，她對自己也差不多。他喜愛自由，想偶爾縱情女色，說老實話，他現在很怕她。假如武后也像王皇后一樣，爲相同的罪狀而遭到處罰，他不就自由了嗎？真是好主意！他居然沒想到——脫離妻子裙帶的好主意。皮帶一斷，他真要好好賭一賭，玩一玩。他只要鼓起勇氣就行了。

他把這個念頭告訴中書侍郎上官儀，這是他最信任的人物。上官儀是詩人，曾創造一種風尙，當代詩人爭相模仿。這位詩人想法和皇帝差不多，並提醒皇帝，他是一國之君，慫恿他廢立武后：你只要簽發一道詔令，你看，天下就沒有什麼武后啦！

「好吧，你起草詔命，」他對上官儀說，「不過要嚴守秘密。」

事情不如想像中那麼單純，和他當年答應王皇后「想辦法」還她自由一樣。那天晚上，高宗坐在房中，詔命擱在桌子上。他簡直是愚弄自己，因爲他早該知道，武后雖然編過女德的小冊子，皇帝一舉一動卻有人向武后報告。

突然武后進來了，滿眼兇光，以不可思議的眼神打量他。高宗面孔發白，彷彿見了鬼似的。

「是不是真有其事？」太太逼問道。

「什麼真有其事？」

「別裝了。太監指控我施行巫術……別插嘴……詔令在哪兒？」

她的眼睛瞥向黃紙軸。高宗在椅子上坐立不安。

「不，不，」皇帝說，「只是草稿。這全是上官儀的主意。是他建議的。」

「給我！」太太吼道。

高宗照例乖乖交給她，武則天接過來撕得粉碎！

皇后坐下來。「我真該和你好好談一談，」她說，「我早就想說幾句話，還是現在說吧。你聽信太監的讒言，不直接來問我，未免太傻了。我只想驅除新宮的妖魔鬼怪……我曾經對不起你嗎？」

高宗不說話。他實在不能說有。

「我要說的就是這句話，如今正是好機會。最近我看你更不高興，脾氣更暴燥了，我認爲這一切都是身體不舒服的結果，所以我沒說什麼。你知道我很忙，有那麼多新建築，還有一千件事情要我親自料理。我晚上躺著不睡覺在幹什麼——還不是未雨綢繆，計劃事情，確立人事和政策的主張，一切全爲了輔佐陛下？如果有人想要取代我的地位，讓她來當好了。我一直努力輔佐你成爲偉大的皇帝，如今我真想放下這份重擔……」

高宗覺得心煩意亂，身子顫抖，頭發暈；他現在不願談論什麼朝政國事，憂鬱、沉默，像一個鬧脾氣的孩子。

皇后繼續說，「但是我知道這一切還有原因存在。我不得不做出許多我不愛做的事情。以長孫無忌和褚遂良爲例，你心腸太軟了。要不是我堅持，天知道今天我們是什麼樣子！幸虧他們的密謀及時破獲了。要不是我意志堅決，你以爲你還能穩坐王位嗎？最重要的是，皇帝需有皇帝的樣子。我是來幫助你的。我爲什麼要建新宮？爲了你呀，我從來不放縱自己，對不對？我要幫助你成爲偉大的皇帝，健壯的皇帝，你應該更有衝力和信心才對。看看我們的大帝國！突厥、西藏、高昌、崑崙山那一邊的蠻族都來求和納貢。看樣子高麗也快要臣服了。我知道自己能成功。我爲你訂下了這些大計劃。我們要建新宮，立新碑，大封王侯，比前幾朝皇帝更出色。我們攜手並進，一定會成功的。而你居然做出這樣的傻事，像小孩子一樣聽信太監的讒言！」

這一番疲勞轟炸，高宗簡直頭暈目眩。他激動得發昏，身心都想暫時撇下皇帝的責任——決斷的責任。最後，他陰鬱地說：

「我相信沒有我，妳一個人也能掌理政事。」

「我相信可以。不過我只想幫你的忙。你病勢不輕，現在早點上床，好好睡覺，忘掉你做的荒唐傻事吧。」

高宗認命地往後靠。自由的心念飄得無影無蹤，一心只想依賴強壯的伴侶，就像跛子仰仗枴杖似的。

武后迅速採取行動，免除了一場騷亂。如果她換成一個平凡的女人，或者高宗換成另外一個人，想想會有什麼結果。但是她一想到皇帝居然動過廢后的腦筋，她真是萬分驚駭。她想都沒想過。武則天不幹！回到房中，她愈想愈氣。她的自尊心受損了！這種事情絕對不能再發生。

她知道利刃在手。她要斷然給大臣一個教訓。殺一個大臣實在很簡單，只要下命令就成了。她把許敬宗召進來，許敬宗建議說：李忠當太子時，那名太監和上官儀都曾服侍過他。顯然他們都是李忠的黨羽！上官儀和那名太監背上了這個罪名，公開斬首，上官儀的家眷都抄沒爲奴，任憑政府處置。日後上官儀的孫女以奴婢身分進宮。說來也是命運的一大諷刺，中宗時代，他的孫女攪得朝廷大亂。本書末尾會提到她。

李忠的謀反罪名用得太多，已經發黴了。武后認爲他已失去利用的價值。不久，有人指控這個一生怕暗殺的青年召見巫師，請人解夢，這倒是真的。他渴求平安，最後終於如願以償。他奉命上吊自殺，不必公開處死——這是王子的特權。死時年方二十二歲。當然，他的父親也救不了他。

16

上官儀之死劃出了高宗統治的一個階段。他擺脫皇后的決心持續不到二十四小時，就退出這一場挫敗的小衝突，從此更溫順，更依賴她。最後的叛變終於結束了。此後一切朝覲，皇后都坐在紫簾幕後方，參與問答，大臣也習慣聽一陣嘹亮的女聲，而不聽皇帝的男聲。

男人在朝堂上議事，妻子出面干涉，這當然不成體統，但是她藉口要幫助生病的丈夫，而且她相信丈夫一定需要她幫忙。事實上，誰也不能說她對政治沒有興趣。天知道她對政治神魂顛倒。於是私下談話和正式函件中，大家都習慣稱「二聖」而不說「聖上」。

皇帝短暫的廢后運動使她大吃一驚，也讓她體會到皇上對她的熱情已經冷卻了。當然他不再熱烈。自從她的姐姐韓國夫人去世後，皇上的態度很奇怪。說不定他懷疑這件命案？他們兩個人從來不提這件事，他是不是還在想她？

懷著女性的本能，她覺得換換環境對兩個人都有好處——能忘記那段傷心的插曲。他們到東都洛陽去旅行，她希望能逃避自己病態的想法和舊郡室人的氣氛。對了，她想起他們常常說要到山東的泰山去祭神，也曾計劃過許多次。這是一次遠行，可以變換心境。「封禪」大典是非常隆重的事情；可以壓倒皇室一切小小的爭端。

於是，高宗最後一次叛變後兩星期，也就是次年正月，皇帝和武后就動身前往兩百里外的洛陽。

這一次變化倒很愉快。兩個人心情都好多了。她一向喜歡洛陽，想在那兒建都。古老的隋宮破破爛爛，很難修整。太宗居然捨不得花錢建房子，真是一大恥辱。但是她覺得洛陽發展性更大。於是她命人在那兒建了一座新宮，名叫「乾元殿」。

長安已經有兩座宮殿了。但是有三座又何妨呢？她每到一處，一定要樹立石碑和大廈——晚年更變本加厲。新的建築代表成長、繁華、光榮和權力。皇后說，「我要在這裏建一座新宮殿」，你看這就建好了，聽來多過癮。皇宮西面有一個花園，據說是周王的御花園，名叫上陽宮，裏面有許多可愛的老樹。房舍看起來邋邋遢遢，油漆剝落，屋頂上長滿青草。她翻建合璧宮。皇帝和她可以來幽居渡假，而且很近，她真喜歡洛陽。

高宗佩服太太無窮的精力。皇后打算十月要到泰山去，那是一年中的大事。朝廷忙著準備，費時數月的年度升官考核也暫停了一年。除了建築新殿，四月又在邙山下操兵演習。武后隨時活動，把可憐的皇帝也拖著團團轉。她個子高，他則瘦瘦小小的。

五月裏，許敬宗和司空李勣受命安排泰山的祭神大典。高宗知道他太太喜歡遊行、賽會、盛大的儀式和典禮。「封禪」樣樣兼備。他害怕累人的長途旅行，要離家六個月之久，不能享受隱私的生活，因爲「封禪」等於整個朝廷列隊出遊哩！至於他自己，他寧可和皇后的俏姪女魏國夫人享受安詳的黃昏。

而且，「封禪」又慶祝什麼呢？根本沒有，只是武后想去罷了。封禪是皇帝治下最具野心的行動，其壯觀，肅穆，宗教意義超過其他一切場合。儀式隆重，費用驚人，是虔誠的最高表現，與歷代的偉大君主息息相關，具有神秘、高超的意義——天上和人間的統治者建立了個人直接的關係。而且，這表示皇帝的「德性」確實偉大，有資格封賞天上的神明，和頭上的蒼天連絡。

「封禪」是由皇帝頒賜聖山神明的爵位，同時寫文章追念和祈禱，告訴上蒼皇帝治理成功，感謝祂的幫忙和保護。武后記得少女時代侍候太宗，曾經看過「封禪」大典。她真喜歡——不是喜歡宗教儀式，而是喜歡壯麗的行列和社交的光彩。

事實上，皇帝「封禪」的行列浩浩蕩蕩經過鄉村；政府的常規要破壞一年，沿途的騷亂也長達半年之久。等於整個朝廷出遠門，人、車、馬、牛、皇帝和諸王的衛隊數以萬計。道路和橋樑都要翻修供重型馬車行走。沿途的驛站必須準備膳宿，迎接王公、將軍和他們的眷屬和隨員。地方官員手忙腳亂。要是有誰得罪了過路的王公大臣，那才倒楣呢！

「封禪」不像一年一度的祭天或祭地大典，並非每一個皇帝都舉行過，而且只有太平盛世，或者遇到戰爭勝利、開國等大事才是舉行的良機。可見不能隨便舉行。高祖建立唐朝（大部分得力於太宗的爭戰），很多大臣建議「封禪」，他卻自認為沒有資格。太宗貞觀五年和六年（西元六三一和六三二年），大臣認為國家太平統一，皇上的戰功值得稱頌，慫恿太宗「封禪」，他曾兩度拒絕。

我們特別要提一下，太宗的想法和武后形成有趣的對比，群臣上表，太宗答道：「很多大臣都要寡人封禪，依我看來，只要天下太平，家給人足，雖然不封禪，我也可以比美堯舜。如果百姓窮困，夷狄內侵，就算封禪，我和桀紂有什麼差別？以前秦始皇統一天下，奢侈自矜，漢文帝根本不封禪，躬行儉約，刑措不用。大家都說始皇暴虐，漢文帝是仁君。禮記說『至敬不壇，掃地而祭，足表至誠』。我何必遠登高山，封數尺之土呢？」

說得不錯，但是這個主張可能是魏徵提出來的。他們事前討論過。太宗和大臣推心置腹，無所不談。

有一次，魏徵拂逆了他的意願，太宗很不高興。

魏徵說，「陛下，讓我當良臣，不要當忠臣。」

太宗大惑不解，「差別何在？」

魏徵回答說：「我若正直反對你的計劃，因此而被處死，我就成為千古的『忠臣』了，你總不希望那樣吧？」

現在太宗問魏徵，「你何以勸我不要封禪，你覺得我不夠資格？」

魏徵答道：「陛下功雖高，而人民未懷惠。德雖厚，而恩澤未旁流……積歲一年，食廩尚虛。所以在下認為不宜封禪。我且拿人來作比喻。有人患肺病，剛治好，你便要他負米一石，日行百里，一定辦不到。隋朝兵亂，不止十年，陛下雖除其疾苦，卻不甚充實。……而且陛下登封，萬國咸集。除了擔任要職的人，大家都要奔走。就算省去一年的賦稅，也補償不了百姓的辛勞。加上水旱之災，風雨之變。庸夫橫議，悔不可追。這不是臣下一個人的看法，實在是千萬人共同的意見。願陛下三思。」

「當然，這是好主意，」太宗說，「封禪是敬天的表示，就像你我之間的關係。你把一切成就歸功於寡人。同樣，我的一切成就也要歸功於神明。不過我認為不必走那麼遠，何不在附近的嵩山行禮呢？」

五年後，太宗接受眾臣的建議，終於舉行「封禪」大典，那是貞觀十一年。不過貞觀十五年（西元六四一年）突厥之役大勝而歸，臣子建議太宗再行「封禪」之禮，六月有彗星出現，計劃遂取消了。神明的贊成與反對可以由天象看出來。天下有不公和殘酷的事實，人獸不能安居，陰陽失調，就有洪水和災變。太宗下令取消封禪之行，意義即在此。他的詔令如下：

「今太史奏彗星出於西方。朕撫躬自省，深以戰慄。良以功業之被六合，猶有未著。德化之覃八表，尚多有缺。……且曠代盛典，禮數非一。行途之間，勞費不少。冬夏凋弊，多未克復。將送儀仗，轉運糧儲，雖存節省之義，終煩黎庶之力！非惟上虧天意，亦恐下失人心。解而更張，抑有故實。前以來二月泰山事，宜停。」

不過，祖母的自信卻比太宗強一點——比較不考慮金錢或百姓。皇曆三月曾有日蝕。但是她高高興興實行計劃。

我費心舉出太宗對「封禪」的感想，因為那正是真正的虔誠，因為他的信仰是最佳的信仰。而武則天日後的佛教奇遇，卻是最差的一種。太宗和武則天形成極佳的對照。太宗是男人，武氏是女人，兩個人都想建立新朝代。太宗生性剛猛，有磁力。武則天個性也很強。太宗以偉大著稱，武后簡直稱不上偉大，但是她的邪惡也是史無前例的。

17

召集人馬的詔令已經發出去了。一切王公大臣，除了擔任戰略性的職位以外，全部要到洛陽集合，參加皇帝的進香之旅。時間一到，街上擠滿人潮，郊區湧出大隊兵馬，像軍隊紮營似的。除了朝中大臣，還有各地的王公，突厥、波斯、高昌、印度、喀什米爾、烏萇、崑崙、日本、高麗、新羅、百濟的酋長和官方代表。像七彩的儀仗隊，每一個王公的人馬自成一個單位，五顏六色，有陽傘，旌徽儀隊、衛士和步兵。史料記載，行列長達三十里，公路上塞滿車、馬、駱駝和蒙古包。晚上村莊附近和平原上有一大串圓形的帳篷。總之，三省的塵泥都完全翻過了。

那是漫長而繁重的旅程。十一月，大隊在原武休息，十二月進入山東，在濟州停留，大家在那兒休息十天才往泰山行進。

封禪大典預定在大年初一舉行。有關的大小員吏必須十天前就到山腳集合，名就崗位。正月初一在山腳祭天；正月初二，一批特選的人員陪皇帝上山，給泰山加封號；正月初三再回到平原舉行祭地典禮。皇帝和參加儀式的人都要事先齋戒、禁絕女色，淨身好幾天。

節目的每一個細節，照例都由稱職的學者預先準備和進行。但是，一個新現象引起不少批評和嘲笑——那就是皇后在祭典中的角色問題。武后檢視節目的內容，才發現祭祀大典沒有她的份，根據傳統，她是不能參加的，她簡直沮喪到極點。

當然他們還沒有出發，於是她上了一道奏摺給皇上，說這項錯誤應該糾正過來。她要參加，不然她就根本不去。這道奏摺文體壯觀，喜樂的情緒值得記下來供讀者參考。

「伏尋登封之禮，遠邁古先。而降禪之儀，竊為未允。其祭地祇之日，以太后昭配。至於行事，皆以公卿。以妾愚誠，恐未周備。何者？乾坤定位，剛柔之儀已殊。經義載陳，中外之儀斯別。瑤壇作配，既合於方祇。玉豆薦芳，實歸於內職。況推尊先后，親饗瓊筵，豈有外命宰臣，內參煙祭，詳於至理，有紊徽章。但禮節之源。雖興於昔典。而升降之制，尚缺於遙圖……。……妾繆處椒闈，叨居蘭掖。祇以職惟中饋，道屬於蒸嘗；義切奉先，理光於蘋藻。罔極之思，載給於因心。祇肅之懷，實深於明祀。但妾早乖定省，已缺侍於晨昏。今屬崇禋，豈敢安於帷弈。是故馳情夕寢，勝羸里而翹魂。疊慮宵興，仰梁郊而聳念。伏望展禮之日，總率六宮內外命婦，以親奉冀。冀申如在之敬，式展虔拜之儀。積此微誠，已淹氣序。既屬鑾輿將警，奠璧非賒，輒効丹心。庶裨大禮，冀聖朝垂則，永播於芳規。螢燭末光，增輝於日月。」

祭神的典制和禮儀向來是一件大事，需由禮官學者慎重研究和討論，連一絲細節都不能隨便。但是，這回皇帝卻批准了武后的新措施。皇帝不批准，說不定整個計劃就要取消了。最簡單的情況往往不會發生。微弱的燭光被強光吞沒。

18

祭天前，皇帝齋戒沐浴的齋舍，整夜燈火通明。他們特別搭起一座祭壇，由三道輻輳式的平台構成，四周插滿黃色的御用旗幟。祭壇呈圓形，漆成藍色，形狀和顏色都象徵天堂。祭壇下的外台上，特別圍起一個地方供管弦樂團演奏。磬鐘在古禮中特別重要，如今已架在壇後，鼓類和其他樂器則依據祭祖的順序排列。

祭壇上有玉刻的祈禱文，還有三座玉碑，各長一尺二，寬一寸二分，以圓字刻上神靈的名字。儀式完了，刻著「昊天上帝」的玉碑就要封起來，埋在祭壇底下。另外兩座分別刻著太宗和高祖的名號。要放在金盒中，帶回太廟展覽和保存。這些玉碑如今擱在四尺高、五尺見方的石桌上，桌面罩著藍色的刺繡。奠酒和祈禱之後，就舉行封碑儀式。祭文放在玉盒內，以金粉玉印加封，再用金線纏五次。然後把玉盒放進事先準備好的桌孔內，整個祭壇都蓋上象徵性的彩色泥土，堆成一座小土丘，那便是祭天的地點。

三天舉行的三種儀式大體差不多。祭天大典在黎明舉行。然後休息一下，皇帝就和有關的大臣爬到山頂，留在山上過夜。上山只要走兩三個鐘頭，道路都鋪著寬闊的石板。那是孔子旅遊的古道，多少世紀以來，皇帝、詩人和正規的行者都曾由這條路爬上泰山名峰。第二天舉行封禪儀式，當天就折返行宮。

第三天在一里外的社山舉行祭地大典，拜祭的對象是皇帝的母親和祖母。差別在於祭壇呈方形，漆成黃色，形狀和顏色都象徵大地。祭天儀式鼓聲如雷，祭地儀式則敲著深深的低音鼓。

前後要祭拜三次。他們事先講好，第一次由皇帝獻祭，第二次該武后，第三次則輪到皇太妃燕氏，以符合武后女子參加的主張。

儀式依照一般的常規進行。每一步驟都由朝廷樂班唱出特別的曲子，由鐘、磬、管弦樂團伴奏。十二個大鐘照十二天宮的位置排成圓圈。典禮中，鐘、磬都很重要。不過，大家都知道，胡笳和胡笛引進中原，充實了管弦樂隊的內容。胡人的樂器包括低音的五弦琵琶，箏琴、篳篥——吐蕃（即西藏）傳來的短笛。聲音尖銳，據說戰場上能嚇倒中國的馬匹——高音簫、橫笛和各種笛、鼓。

大典開始，先敲幾陣磬和鐘。祭壇下面點起火來，捲捲青煙飛入雲霄，迎接神明。樂班吟誦祈禱文，管弦樂隊開始演奏，表示皇帝光臨。他來了，身穿全套龍袍，頭戴十二穗的冠冕，在歌聲裏慢慢登上台階。他在祭壇上獻祭、飲酒、灌奠並禱告。每一步驟都有恰當的歌曲和伴奏相隨。皇帝走下台階，一百六十四名舞蹈家身穿寬袖斗篷、束褲和黑皮靴，頭上梳著高髻，緩緩跳著優美的「慶善」舞。

現在皇后乘那金、藍相間的馬車來了。這一段空檔，樂班吟誦出宮懸文舞和武舞的變換。跳武舞的人身穿銀盔，手持長矛，進入行禮的平台。文舞和武舞象徵皇帝政治的兩面，一面強調和平的追求，一面強調軍事的力量。

皇后頭戴十二串珍珠垂飾的后冠，身穿錦繡鳳袍，由侍兒扶上台階。兩面各有幾名宮女用長竿撐起一塊繡花的寬面錦緞，擋住大家的視線。華麗的刺繡曾招來不少學者的議論和批評，認爲這麼豪華的展覽違背了大典的莊嚴性。這是宗教儀式，不是社交宴客哩。

這是有史以來婦女第一次參加「封禪」祭地大典，不過她是武則天，志在打破紀錄，「冀聖朝垂則。永播於芳規。」日後她決定封閉部分祖廟，削除他們的祭品，那又是另外一回事了。現在她跪在高祖皇后和太宗皇后的神牌前面上香。低音鼓和鐘聲間歇點出不同的步驟。她臉上現出滿足的紅光，慢慢走下台階，宮女手捧神牌跟在後面，配著戰舞長矛的節奏。她十五歲初侍太宗，曾隨太宗見過這個場面，她活了這麼些年，又費盡苦心，也就爲了享受這無上的一刻。當然她迷戀的是壯觀的場面，社交的光彩；對於宗教意義，她根本不知道，也根本不在乎。

三獻以後，祭典就結束了。後來幾天要大宴賓朋，盡情享樂。正月初四，皇帝和皇后在朝堂上接受百官和異族的道賀。五日一連頒布了許多聖詔。年號又改了，改爲「乾封」；大赦天下，大封王侯，大賜官階，低層官吏的薪俸也提高了。泰山地區和皇家進香團經過的地帶，人民可免除稅金。大賜酒肉給百姓，一連慶祝七天。第二天專門請客看戲。皇上在露天平台上大擺宴席，席間有音樂和多彩多姿的民族舞蹈，有些異族代表自動演出。其中有一齣通俗的小喜戲，名叫〈大搖娘〉，演一位小娘子每次看她的醜丈夫接近，就亂抖亂搖。這時候，觀眾跟著大喊「喔，搖哇，小娘們！」總是帶來不少熱鬧的氣氛。

太宗所創的「神功破陣舞」經過多年不斷的改革，如今由一百二十八個人演出。戰士身穿銀盔甲，手執長矛和戰斧，前面由一個金盔甲的長官帶頭。他們分爲八個單位，一再變換隊形，武器噹噹響，象徵太宗破敵的偉大事蹟。畫面完全寫實——確是戰爭場面的表演——始終讓觀者感動萬分，高宗滄然淚下。

他們順道上孔廟和老子廟封祭孔子和老子，同時捐助其他廟宇，一路參觀古蹟。他們離京整整六個月。

一切都應該十全十美。可惜在武氏眼中並不盡然。此行一路上，皇帝太喜歡魏國夫人，她現在已經長成迷人的少女了。祭典之前的齋戒期間，武后心裏一直很不安，使她沒有辦法集中心思來考慮獻祭和敬神的問題，連祭地大典中也不例外。

19

封禪回來不久，皇帝的寵兒魏國夫人突然中毒身死，與她母親當年的症狀一模一樣。這是一道解不開的謎團。

我不是為疑兇武惟良和武懷運——魏國夫人的堂舅——辯護。他們都是武家的人。不過後世都知道，這兩個人因兇案而處死，其實是冤枉的。中毒身死的魏國夫人是我的姑姑，說不定是先父的同母姊妹，我曾費心搜尋她們母女神秘死亡的資料。母女二人同樣的死法，未免太巧了。她們有一個共同的特徵——皇上都喜歡她們陪侍身邊。

實情如下：我們記得，祖母剛得勢不久，就把異母的哥哥武元慶和武元爽驅逐到南方，兩個人終於身死異地。這是武后的母親楊氏對繼子侮慢的報仇。大約這個時候，祖母的堂兄惟良和懷運也由京師派到外地做官，其中一個在山東，武后的用意是讓人看出皇后並不「循私」。他們遠道參加封禪之旅，事畢就隨魏國夫人回返京師。

魏國夫人仗著皇帝喜歡她，也許一言一行都像寵妃，對姨媽不太禮貌；武氏心中憤慨，外表卻對她非常慈愛。而魏國夫人和堂舅在一起大談往事。她知道太多事了，對母親的死狀和武元慶、武元爽的命運也談得太多。祖母發現了這件事。魏國夫人知道太多秘密，如今兩位堂兄也知道了，不能讓他們活命。反之，兩兄弟實在沒有理由除掉年輕的魏國夫人。

有一天，惟良和懷運進宮吃飯。他們接受祖母的建議，帶了幾道特殊的美味來。皇帝也要來共餐，大家一面等，一面端出那道開胃菜，魏國夫人吃了一點，突然劇痛難當，面孔死白，五臟六腑都像火燒似的。她只好走出房間，躺在床上。家宴於是中止了。別人都沒有中毒。

皇帝一來，聽到這個消息，簡直嚇壞了。他看到這名少女痛得翻來覆去，生命點點滴滴消逝，並不掩飾他的關懷和痛苦。他自忖道：御膳房雖然控制極嚴，她母親韓國夫人也是這樣送命的。

那天晚上，妙齡的魏國夫人去世了。這麼美麗的少女竟年輕輕就命喪黃泉，皇帝哀痛到極點——而且衷心感到淒涼。居然這般放肆，這般怨毒，這般不體諒他！魏國夫人是他唯一的安慰和快樂。

說到心靈的淨化嘛，武則天封禪回來，簡直比黑豹還要狠心。她不再年輕了；生命正經歷極大的變遷，活力似乎不減當年，但是寂寞而痛心的高宗一想到要和黑豹同床，簡直難以忍受。

兩兄弟也嚇慌了。祖母聲淚俱下說：「可憐的外甥女！她娘是我唯一的親手足，現在連她這個骨肉也離開我了……這兩名兇手——」她氣沖沖叫道——「我知道，他們打算毒死陛下，是她不巧吃到了。可憐的外甥女呀！」

乍看起來，此案清清楚楚，武后就是證人，不過，如果進一步調查小菜拿進宮隔了多久才端上來，其間由誰處理這些小菜，就可以查出一些線索。

有一件事情更難解釋，爲什麼別人——武后和兩兄弟——吃了都沒有事。可見只有一碟菜含有劇毒，端那一碟菜才是重要的關鍵，整批拿進來並不是問題所在。

嫌犯怎麼能確定魏國夫人剛好吃下那一盤呢？不過，我們只是鑑定幾十年前一宗疑案的責任——其實是白費工夫。兩兄弟很快就處決了。有人也許會說，日後武則天全力保護和提拔武家的子姪。答案如下：她甚至不惜毒死自己的兒子，不管李氏子孫或武氏子孫，年輕人不聽話她就起反感，凡是她不喜歡的人，她就想辦法除掉。武后的姪女其實是她自己毒殺的。於是，三個她不喜歡又可能會洩露秘密的人順順利利一舉除掉了。

我特別提這件事，希望讀者更瞭解日後的情節，因爲無數皇室成員的血案漸漸顯出一些脈絡來。一、凡是阻礙武后計劃或者顯出不服從跡象的人都突然暴死。二、唐室女眷和一兩位近親都在宮中泰然解決，韓國夫人和魏國夫人母女中毒身亡，王皇后和蕭淑妃刑訊至死，王子哲之妻餓死，王子旦的兩位妻室神秘失蹤，無跡可尋，這件事以後我會談到（第廿一和三八章）。三、諸王和高官都被套上叛國的大罪名，由特命的判官以不太文明的方法定罪，或者刑求證人而取得供狀，依法處罰。像褚遂良和王子李忠等人先一步步放逐，最後終於遇害。詩人上官儀則直接冠以重罪。未來的審判和整肅大都屬於這一類。武則天依照她自己的法治觀念，以合法的手續來殺人。四、祖母很有耐心。很多人在她心中早就命數已定，但是起先只是流放，過了許多年才一個一個殺光。這一方面她顯出令人讚佩的手法，恰當時機的觀念，將獵物合法分成幾類。她腦袋裏大概有一張殺人表格，仔細排好順序和相互關係，所以一個人倒楣，一定有人跟著遭殃，就像木球大師手中的主棺，力量絕不虛發。

換句話說，她是我所知最冷靜的人。看她對長孫無忌多年的耐心，聽她一直叫魏國夫人心肝寶貝，就知道此言不虛。這是她成功最可怕的因素。就像好劍俠，她不消耗自己的體力，小心應戰，直到機會來臨才出手。她會靜候好多年。然後運用廣泛的間諜組織，追到天涯海角，找尋她的獵物，趁對方熟睡中用巨斧敲破他的腦袋（看三十三節和四十四節的審判和整肅）。她在京師坐享榮華權勢，推掉一切血案的責任。一名間諜首領用處已盡，她就派人殺掉他，改用別人。不是犯罪的人都被處死，而是「處死的人一定找得到罪名」。

這是謀殺合法化。畢竟她是第一個間諜組織的創始人，也是神經疲勞逼供法的創始人，下一章我再詳細介紹（第廿九節）。先父章懷太子李賢也是她巧妙羅織罪名一步步殺害的。他的案件和韓國夫人有關，我會在恰當的地方以虔敬的態度來描寫。

20

這時候，武則天忙著編另外一本書《列女傳》。她對大事有興趣，不得已而幹下的漂亮謀殺案並不能吸引她。她唯一的興趣是整個帝國。她天生的本能就是統治、征服、除掉敵人，抓穩權勢，對朝臣一眨眼就有人頭落地——這是很迷人的遊戲。編寫《列女傳》等品德方面的論文，不過是大領袖必備的裝飾而已。

我們可以說，武則天是當時最狡猾的政客，遠超過歷代的士大夫臣子和其他有野心的皇后。她的後半生給人一種暴君和色情狂的印象。我常常聽人將她比爲漢代的呂后，呂后的情夫也以床笫功夫而知名。武后和瘋和尚有一段韻事，難怪別人要這麼比法。但是呂后是不識字的農婦，智力和漢高祖相當，活力充沛，由於當上皇后，才展現出自己的一切優點和劣點，她天生並沒有罪犯的特質，並不喜歡謀殺。武則天卻天生有那一種原始的掠奪本性，加上呂后所缺乏的豹類圓滑感，她雖然不是學者，卻受過相當的教育。她像一般政客，尊敬文化的外表，可以隨時引用一兩個典故來增添談話的風采。飽學的腦袋聽命於原始的掠奪本能，比無知蠢婦的奸計更危險。

武則天渴望更高超的事物，和壯漢或美男子調情只是消遣罷了，她要做出偉大、不凡、史無前例的大事，有些事情真正到了瘋狂的地步。她特別醉心於權力——統治的權力，殺人和施寵的權力。大家常常辯論她的執政（後半生）是好是壞；這要看觀點而定。貪汙盛行；法治系統變成鬧劇，內政幾乎完全崩潰，連學者和王公的子弟都不精研學問了。密告鄰居和朋友反而升得更快。

武后的政治把戲，爭奪權力的把戲，的確玩得很高妙。一切都助長了她奪權的行動。她的夫君天生孱弱、心軟，如今又臥病在床，這是她的運氣。高宗原本不是壯碩的人，如今身罹數病，經常頭痛、昏眩、神經失調，各處發疼。如今他在公開場合非常害羞，自信心全失，常常顯得很任性很神經質。雖然他儘量參加朝廷的公務，心裏卻寧願一個人靜養。他中年萬分寂寞。回想起來，他可以算是懦弱，但是有了廢立不成的武則天當妻子，誰也不可能比他幹得更出色。皇上如今顯得遲鈍無心機，他的精神萎縮了，整個人都被嘮叨的悍妻所淹沒；他變得雖然和藹仁厚，不過是愚癡的仁厚罷了。

咸亨四年（西元六七三年），皇上病勢嚴重，特命太子李弘代理政事，他和皇后常常在東郡連住好幾個月。重要的大事則向洛陽的「二聖」報告，既然皇帝臥病在床，其實就等於向皇后報告。

對外方面，大唐正和鄰國交戰，戰果輝煌，因爲太宗生前留下了一支訓練精良的軍隊，一批善戰的勇士和經驗豐富的將軍。疆界延伸到高麗、內蒙和吐谷渾以外。說到遠方的異族，臣屬關係是暫時的；叛變一起再起。東突厥聯盟已經中斷，西突厥聯盟起而代之，如今勢力遠達喀克諾爾和西蒙古。

乾封二年（西元六六七年），老將李勣大勝高麗，大約有三萬高麗人移居到中國本土。咸亨四年（西元六七三年）十二月，塔什干和薩瑪爾汗等地區的疏勒和弓月王都到長安來納貢求和。次年十二月，波斯最後一位撒克遜血統的國王卑路斯——耶斯德加之子——被新興的回教勢力驅逐，特地到長安來避難。

都城長安有各色人種的服飾，看起多彩多姿——印度僧侶、日本學生，波斯祆教徒、摩尼教徒、景教教徒和敘利亞的猶太人。太宗對外國商旅和傳教士非常開明，很多人都到長安來定居，他們可以自建教堂，各自崇拜自己的神明。玄奘在阿富汗和印度住了十七年，如今帶回六百五十七本佛經，高宗特在長安市郊撥了一棟玉華宮給他，他便專心從事佛經的譯介工作。

但是武后愈來愈好大喜功。西元六七四年八月，她決定改年號爲「上元」。她對於平凡的「皇后」稱號不太滿意，決定自稱爲「天后」，高宗的頭街當然也就升爲「天皇」了。表面上，新頭銜是頒給高祖和太宗，頒給自己只是巧合。這種頭銜暗示他們是半人半神，不過是她爬上半神聖高峰的起步而已。此後一切奏章都用這兩個頭銜。①

簡略說來，武氏封后的前十年，皇帝按時朝覲大臣，武后偶爾聽政；麟德元年（西元六六四年）上官儀死後到咸亨四年（西元六七三年）這十年間，皇帝和皇后同時聽政，是爲「二聖」時期；上元元年（西元六七四年）以後，她按時上朝，他則偶爾參加，是爲「天后」時代。

武后改年號爲「上元」，曾經虛張聲勢一番。她要揭開一個光輝的紀元。百官的制服全部更換，並舉行新衣上朝的特殊典禮，爲了表示大方，她恢復了長孫無忌的爵位，遺體也運回都城，葬在太宗陵寢的隔壁。

新紀元始於一套浮誇的政治成案。武氏以「臣妾」身分寫了一封信給高宗，並公諸於世，信中的內容正可看出她的治事才能，及可佩的政治技巧。信中提到十二項崇高的政治改革，都符合善政的通則，足以提高她的聲望。正如一切政治陳情書，十二條聽起來十分悅耳：一、勸農桑，薄賦傜。二、給復南北中三輔地。三、息兵，以道德化天下。四、禁浮誇。五、省功費力役。六、廣言路。七、杜讒口。這些都是政治的櫥窗飾品。三、四、六、七她根本很難做到。後面幾則是比較特殊，比較創新的提議。八、王公以降皆習老子（老子和大唐宗室同姓）。九、父在爲母服哀喪三年（以示兩性平等）。十、上元前勳官已給告身者無追繳。十一、京官八級以上益稟。十二、百官任事久，才高位下者得進階申滯。

最後三項使她立刻獲得百官的愛戴。執行這些勢如破竹的改革實在很困難，但是她不多列項目，原因並不在此。只有小人物才擔心諾言和執行上的矛盾。換句話說，武則天是借這十二點來展示她的政治頭腦。她可是認真想出來的。

文化方面也不甘落後，她決定掛名監編或撰寫幾本書，多多少少順應「以道德化天下」的條款（第三條）。除了《列女傳》，她還準備出幾本書。下面幾部是她掛名著作的：《內範要略》十卷，可能是以前的論文《古今內範》的改訂版；《百僚新誡》五卷；《臣軌》兩卷；另外還編集了《樂書要錄》十卷。她似乎全心要喚醒天下的道德良知，提高全國的道德，走向更高的性靈理想。

但是，人際關係——尤其是家庭關係——比「勸農桑」或「以道德化天下」的命令，或者寫文章勸人正直有德要複雜多了。改年號為上元之後四個月，皇帝的一名親兄弟被控謀叛賜死。武則天不喜歡這位兄弟，遂叫一名手下告發他。

不錯，蔣王惲生活奢侈浮華，但是依他的個性，不可能謀奪皇位。高宗發現不對，把那名判官處死，但是已經來不及了。不久，他又碰到一件家中的悲劇，家裏已經快要十年沒有人中毒身死了！

①中國歷代的皇帝只有高宗掛上「天皇」的名銜。

21

煩惱似乎一直跟著祖父，上元二年（西元六七五年），皇室出現了一道危機，皇上覺得很不是滋味。從此政治遊戲就以王子繼位的問題爲中心。

高宗共有八個兒子，包括先父在內，他們都是祖母的一雙大腳①踢來踢去的玩物。看樣子祖父不可能長命，選一個年少而聽話的繼承人，她才能繼續掌權。不幸太子李弘和先父都不是聽話的乖兒子。他們都長大了，自有一套主張。

武氏封后以前，高宗已有四個兒子：李忠、李孝、李上金和李素節。李忠已受害，李孝二十歲病故。武則天當然把另外兩位繼子調開，不准他們在朝廷露面，連封禪之行也不讓他們參加。素節是蕭淑妃所生，年齡最輕，爲人最好，武后賜他「既有舊疾，不須入朝」，其實他根本沒病。

這時候，他被削去王銜和薪俸，發配到江西的一個小地方（屬二級充軍，離京五百里），終身監禁。降職和獲罪的經過如下：素節十年沒有看到父親，一心想回京師。他未獲准參加封禪之行，就寫了一篇感人肺腑的〈忠孝論〉給皇上，希望能打動父親。賢臣張柬之（此人在本書末尾非常重要）秘密呈給皇上。祖母發現了，認爲他有怨言，就指控他收賄，將他降級和流放。幾年後，上金和素節都遭到悲慘的命運。祖母的復仇速度很慢，目標卻明確不移。

祖母親生的兒子運氣應該好一點吧！事實卻不然。她的四個兒子分別爲太子李弘、先父李賢、中宗李哲和睿宗李旦。

太子李弘是學者風範，重理想，不太實際，像祖父一樣敏感。老臣曾說起他少年時代的一段趣聞。他研讀《論語》的註解，讀到一個王子弒父的故事，驚駭交加，要求換一本書來讀。老師仔細說明孔子記錄好事也記錄壞事，要人見賢思齊，見不賢而知警惕。

「我還是不愛聽，換一本書給我讀吧。」

他自幼受到嚴謹的教育，由全國最佳的學者擔任老師，同時受訓參與政事，熟悉衙門例規。現在他年屆二十三歲，身負的責任愈來愈多。咸亨二年到三年（西元六七一年—六七二年）他父親臥病洛陽，他曾負責治理天下，當然有良臣輔佐他。他娶了一名學者的女兒當妻室。除了岳父裴居道，他身邊還有許多學者。太子和太子妃看來前途無量。他熱愛文史，曾在學者幫助下編了一套名作選文，事成之後，皇上曾賞他絲帛三萬匹。皇帝對他非常慈愛，有一天他對朝臣說，「弘兒是文雅紳士，他從未對大臣失禮。」

他飽讀政事之道，很早就顯出他祖父太宗的一些優點。他深深同情士卒的遭遇。身爲太子，他最大的德政就是廢除逃兵妻兒沒籍為奴的規定。當然啦，太宗的軍紀嚴明部分也要歸功於這項嚴厲的措施。但是，太子李弘上書給皇帝說，他知道很多軍人並不是逃兵，卻被人當做逃兵處置。一役打完，很多人沒有露面，有許多無法避免的成因。例如有些人渡河淹死；有些人病倒，不能按時當差；事實上，什麼意外都可能發生，有些人則被敵兵擄去了。軍中規定斟酌死者，懲罰失蹤士兵的家人，於是很多找不到的人就被當做逃兵，家人也遭到逃兵的處罰。他引《左傳》說，「與殺不辜，寧失不經。」他要求詳細劃分各種失蹤的人，因此很多士兵的妻兒才免去奴隸的屈辱和辛勞，不過沒籍為奴一般都有固定的期限，也可以贖身。

咸亨三年到四年（西元六七二—六七三年）冬天，饑荒盛行，加上那年夏天的旱災，西北各省災情嚴重，百姓紛紛餓死。太子李弘發現士兵吃的是樹皮、野莓等口糧，就下令將自己宮中的白米撥給他們。他還求聖上把同州荒廢的公地分給窮人耕種。

他這種性格，難免和親娘武后發生直接的衝突。維持紀律和執行公義他完全諒解，但是下流、卑鄙、不必要的手段卻叫他怒火中燒。他遊訪洛陽，發現蕭淑妃遺下的義陽公主和高安公主（又名宣城公主）一直住在後宮裏，完全被人遺忘了。她們現在年近三十，還沒有嫁出去。她們根本沒有機會嘛。真丟臉。

他對母親說，「聖人說，女大當嫁，姐姐為什麼還沒有出嫁呢？她們不會害人的。陛下不妨替她們安排婚事。」

祖母不能拒絕這項建議。其實她覺得自己對兩位繼女還太寬容呢。蕭妃的族人都冠上「梟」姓，發配遠方，她卻容許這兩個小孩住在宮裏。她討厭人家指出她的錯誤。她說她不巧忘記了，以後她會爲她們安排，於是將公主嫁給兩名宮廷衛士。這實在不公平；她們畢竟是皇帝的女兒呀。但是祖母的心情就像皮毛不順的母貓。她永遠不希望兒子判決她的行動。

但是，一個月之後，也就是咸亨三年（西元六七二年）四月，宮中發生一件嚴重的兇案，受害人是一個可憐的弱女，太子李弘簡直氣昏了。

他的妻子並不快活。她來自書香世家，一直善盡兒媳的責任，嫻靜守禮。當武后的兒媳婦並不簡單，祖母討厭她，她也知道。現在另一個兒媳婦——王子李哲之妻——變成祖母憎恨的目標。她母親就是常樂公主。成親之後，常樂公主最近常到宮中來，不幸常常和皇帝在一起，似乎相處得很不錯。武則天不敢冒險，她把常樂公主和她的夫婿派到外地去任職，不准在朝中露面。當然這件事和她女兒無關，但是王子李哲的妻室卻被鎖禁在一間屋子裏。應該有人送飯給她；到底有沒有送就不知道了。過了幾天，大家撞開門戶，發現她竟餓死了！

太子李弘義憤填胸，他不能忍受這麼卑鄙的行爲。他們爲什麼破門而入？因爲房門鎖著。爲什麼他們懷疑她死了？因爲煙囪裏看不見炊煙，他們奉命送生肉和青菜。爲什麼不送煮好的食物，爲什麼王妃要像囚犯一樣自己煮東西吃？她沒有犯錯。用不著爲母親的恩怨而折磨女兒。太子弘當然知道趙妃是母親下令餓死的。她幽居期間，她丈夫李哲甚至不敢去看她。太子李弘和先父兩個人的個性與王子李哲和李旦完全不同，他們倆比較聽話，較得祖母歡心。

王子哲不抗議，太子弘卻說話了。他找機會和母親談談。祖母熟知她這個兒子。他一進來，她就繃著臉。就是在皇家，禮法也不能偏廢。太子弘一言一行都像太子，年輕、莊嚴而自信。他稱她爲「陛下」。他認爲弟媳婦是孝順的兒媳。祖母皺皺眉，她死啦，提她幹什麼？

「記得陛下寫過《孝女傳》和《列女傳》，一名賢孝的女子居然在陛下宮中餓斃，未免不妥吧！」

這簡直像一枚炸彈。祖母的怒容實在太可怕了。他這話是什麼意思？他要暗示什麼？王子哲的妻室在母親走後一直不太有禮貌。她沉著臉，好幾天不說話。這是否不敬？這就是她所謂孝順的兒媳？她懲罰媳婦的不恭，難道不對嗎？這個小傻瓜要餓死，爲什麼要怪武后？

「別忘記禮貌，別教訓我！」

「孩兒不敢，」太子弘反駁說。「相反的，我以爲陛下希望臣民坦白說話。我記得『廣言路』是陛下的十二要項之一，使冤屈得雪，不公得平。我只想幫助陛下，有時候確實能派上用場。那天我若不大膽提到義陽公主和高安公主，她們會變成老處女的。這件事有沒有必要？還有，您本該將她們嫁給學者，不該嫁給僕役，她們是皇上的女兒。」

「你可以告退了！」武后氣沖沖說，她的聲音冷得可怕，面孔繃得緊緊的，眼睛瞇成一條縫。

十八天後，太子弘陪父母到合璧宮，突然中毒而死。他也「吃錯了東西」。祖母討厭的人都會吃錯東西。有人認爲，母獅都不會吃自己的骨肉，說祖母毒死自己的親生兒，未免不合理。但是，用普通的標準來衡量祖母，實在大錯特錯，先父在她手中遭到更嚴苛的待遇，我相信這段期間，王子都是她賭博的政治資本，她的資本多，捨棄一兩個也無所謂。最好的說法就是接受個別差異的事實，而祖母的確是一個十分罕見、十分獨特的個例。

最後的積分如下：祖父有八個兒子，一個少年夭亡，五個死在祖母手中，僅存的兩個被她關了十幾年，她掐死的女嬰還不包括在內。

太子弘一死，立刻促成了一場危機。那天晚上，皇帝和皇后雙雙回到宮殿。高宗深愛這個兒子，他實在受夠了。家裏出過六、七樁謀殺案——妻、妾、大姨子、外甥女、兒媳婦、長子李忠，如今又出了這件事，他見不到素節和上金——他們流放在外，被判終身監禁。他漸漸喜歡常樂公主作伴，一個月前她突然奉調出門，永遠不准在皇宮露面，他當時已經非常生氣。這一切他都感到噁心。不！他並不想廢掉皇后。如果他是男子漢大丈夫，他何不動手呢？他還是皇帝呀。他若想處死皇后，罪名實在太多了。

第二天早晨，他說要讓出王位，以表抗議，讓帝國沉淪吧！他身體不舒服，而且厭倦了。他對群臣說，他要讓位給皇后，反正天下原本就由她統治嘛，群臣大驚。武后主張「革新道德，以致太平」，他只要太平，道德不道德他可不在乎。郝處俊等大臣提出異議，堅決反對。

太子駕崩，聖上大概是過度悲傷吧。

第二天皇上慎重斟酌，又變了主張。但是他哀悼亡兒，做了一件史無前例的事情，他謚給太子皇帝的封號，下令用皇帝的禮儀來葬他，不過全國服孝的期間縮短爲三十六天。他的靈牌照皇帝的身分來祭祀，一直過了很多年才改正過來。他下令建築一個巨大的陵墓，浮華誇張，又徵用了不少民力，結果有一批工人造反，以石塊投擲工頭，然後逃得無影無蹤。

太子弘的妻室斐妃病倒了。她失去求生意志。一年後，她也含悲受辱而死。於是兩名兒媳婦都死在《列女傳》和《內範要略》的作者手中。幾年後又死了兩個，多年以後，還有一名孫子和孫女遭到鞭死的命運。撇開政治的清算和審訊不談，歷史上沒有一個皇后——我相信世界上沒有一個母親——曾殺死那麼多家人。謀殺成習，兇手不再感到驚懼，但是我相信祖母取人性命一定含有權力的快感。

此處我們面對一個遠超過一般罪犯的特殊典型；大批屠殺和權力感、「偉大」感是同一回事。我們發現，這一類的統治者有一個共同的特徵，那就是自大自捧，他們很快就養成崇拜自己雕像的習性。

①唐代還沒有纏足的習慣。

22

先父李賢是下一位繼承者，如今當上太子，這可不是值得羨慕的身分。雖然祖母一向不喜歡這個兒子，但是他是下一位繼承人倒不成疑問。他太健康了，不可能做「乖兒子」。如今他已二十三歲，年輕、英俊、自有主張。也許他已經懷疑自己的生母是誰，這份疑慮幾乎在他對祖母的態度上顯現出來。他知道韓國夫人——也許是他的生母——被親妹妹武后謀殺。

至於祖母嘛，她接受不可避免的事實。她一向行事恰當，她會靜靜觀望和等待。看樣子皇上活不了多久。說不定先父會犯一些大錯，她就能及時罷黜他，改立別人。她心中已訂下大計，皇上死後，她要以太后的身分代兒子執政。要她丟下權力，安心養老，她實在不能忍受；她私下寧願立幼子，她可以哄騙他、溺愛他、支配他，像她當年對待高宗一樣。我想起幾種昆蟲，雌性自以為吃掉雄性是命定的責任呢。

我記得父親為人愉快、有趣，熱愛書本，也喜歡駿馬和鷹隼。他小時候就很聰明，六、七歲就能背詩五百字，能讀書經。後代將永遠記得，他是《後漢書注》的作者。這件工作十分艱鉅，涉及的學問非常淵博，必為後代學者所激賞。①不過，他生性比哥哥太子弘來得實際，志趣也較廣博。太子弘暴死，他起了戒心，寧願離祖母遠遠的，尤其不赴她的餐宴，長期住在長安。

祖母感覺到了，心裏很不高興，下一任的皇帝根本不在她的羽翼下活動。這時候，先父和眷屬住在長安新宮的太子府邸中。事實上，先父過得很快活。宮中的東苑有一座球場，還有不少射獵和運動的機會。他的個性像當今皇上，也像他曾祖太宗，熱愛高駒駿馬，尤其是天山的優秀名種。

他生性和藹、愉快，衣著考究，對臣下很隨和，漸漸有一群學者圍在他身邊。他受封為太子，立刻擔任《後漢書注》的主編，這是抱負不凡的舉動，要註釋並研究古語古音，地名也不能忽略。

調露元年（西元六七九年）祖父再度發病，太子被任命為「監國」。他儘量不去探訪雙親。何況母子關係日漸緊張，他不希望哥哥的遭遇降臨到自己身上。

他年輕，充滿希望，皇上看樣子不會長壽，於是他輕輕鬆鬆過日子，運動、女人和公務事事兼顧。他生性聰明，這些責任倒也難不倒他。皇上曾特頒賀辭如下：

「皇太子賢自頃監國，留心政要撫守之道，既盡於哀矜，刑綱所施，務存於審審，加以聽覽。餘暇專精墳典，往聖遺編，咸窺壺奧。先生策府，備討菁華。好善載彰，斯在家國之寄，深副所懷，可賜物五百段。」

因爲祖母羅織罪名來對付他，我才提這一段榮寵。她覺得情況不妙。等了四、五年，她看出父親混得太好太成功，他的聲望已經建立。而他年屆二十七，並不是軟弱無能之輩，不可能掛皇帝的虛名，由別人替他治事。這是武后大計劃中的一個缺憾，皇上一死，她個人的展望如何呢？

就在這個時候，宮中又傳出他生母不是武后的舊聞。他還收到武后幾封斥責的信件，提醒他顧全人子的責任。先父覺得很不安，他不知道會出什麼事情，說不定他曾在馬廄裏暗藏兵器來自衛。

現在祖母身邊有一名道士卜者，叫做明崇儼，她常常召見此人。道士和儒醫都有權進入皇后寢宮。明道士和皇后很接近，說不定要順應她的心理，竟說太子輪廓尖削，不是長壽的徵兆（照一般流行的命相法，確實不錯），他的鋒芒外露，鼻形太尖……等等；相反的，王子哲貌似太宗，王子旦面相最好。此刻這些話聽來很可疑，母子間隔閡更深。先父討厭這一套迷信，更看不起迷信的婦人。祖母並不諱言相士的預測，先父也不諱言他對這名相士的輕蔑。

說也奇怪，一名相士竟成爲「太子監國」垮台的主因。調露元年到永隆元年（西元六七九—六八〇年）冬天，明道士在兩京途中被人殺死。兇手一直沒抓到，先父並沒有共犯的證明。我不敢說他一定沒有參加。去除宮廷中道士和郎中的影響，倒不失爲一個好主意。

誰也不知道明道士對皇后個人有多大的重要性。無論他們關係爲何，兇案傳到她耳中，她憤怒到極點。她立刻懷疑是兒子幹的。他在武后心目中又算得了什麼？法律的巨輪開轉了。先父奉召到洛陽！武后派人乘隙搜查他的府邸，馬廄裏找出三百件兵器。我說過，一方面可能是先父採取自衛的措施，一方面，兵器也可能由附近的紫禁外城運來，乘隙栽贓，然後再正式搜查。先父被控謀反，但是我們很難想像三百件甲冑和矛盾能派上什麼用場。他和高宗皇帝相隔幾百里，他要殺誰呢？反叛誰呢？他身爲太子，眼看就要登基，這個罪名顯得十分可笑。

不過證據確鑿，就像當年王皇后的木人兒在床下搜到一般。太子監國是現行犯。祖母輕易說服先父一名姓周的僚屬，要他指證道士的血案。搜得的兵器則運往洛陽，在皇宮前面的天津橋當眾燒毀。她指派高官擔任調查團，帶回武后希望的決定，謀反是死罪。武后說，爲了顧全法律和秩序，她願意犧牲親子之情。

高宗想起另外兩個兒子李忠和李弘的命運，顫慄不已，他請求皇后大發慈悲。減刑的理由太多了：先父身任監國，曾留下很好的紀錄；謀反的動機並不明顯，事實上他根本無此必要；「太子監國」的宅邸有兵器，這並不足以證明叛亂的意圖；至於殺害一個占星算命家，誰放在心上呢？最重要的，皇帝有權特赦，他隨時可以壓服群臣。

我們冷靜觀察幾十年的情況，一個「太子監國」居然爲一名卜卦者的血案而賠上性命，未免十分可笑。祖母要不是早就想除掉這個能幹、有主見的兒子，根本不會派人搜他的住宅，也不會起訴判罪。

結果暫時妥協，祖母很滿意，先父廢立監禁，皇嗣換人，這回輪到王子哲了。

悲劇發生，我才八歲。我們一向過得奢華而舒適，先父未立爲太子的時候，身任涼州都督。當時我的恐懼只有小孩子才能體會。第二年，先父發配到成都，但是我們三個孩子年歲太輕，就留在宮裏。先父日漸憔悴，默默接受他的命運，和家人全無書信來往。當時祖父還在，他保住了性命，等到時機成熟才被殺死。我們從此沒見過他，直到祖母去世，他的遺體才獲准運回來和祖先葬在一塊兒。

聽說母貓有時候會吃自己的幼兒。我不敢斷定，我從來沒見過那種光景，說不定吃腐肉的烏鴉和豺狼會這麼做。我真的不敢確定，可憐祖母的《列女傳》再也沒有人讀了！

①章懷太子李賢注的《後漢書》，至今仍被視為《後漢書》的標準注解。

23

事情迅速發展，大唐宗室眼看就要遭到危機。布幕正要拉起，一齣震撼想像力的劇本就要演出了。

皇上的身體一天天衰弱下去，桌上散滿藥丸和湯藥。他患了難熬的神經痛、頭暈、痲痺和氣喘。開耀元年（西元六八一年）他再也不能上朝了。武則天雖然放肆而大膽，她倒不曾謀害親夫。她知道什麼事做了不會有後果，什麼事情則不然。殺害王子或王妃可以不慮後患，因爲這到底是宮中的家務事，她是長輩，足可一手遮天。皇帝駕崩，又有明顯的中毒跡象，這種可怕的罪行，連她手下的心腹大臣都不見得肯保持沉默，說不定馬上就激起叛變。她才不像中宗的韋后那麼傻呢，韋后弒君，立刻被誅殺。她一心想大權獨攬，但她寧願等待，只要他臥病在床，武則天就滿足了，時間對她有利。

彷彿是悲劇的預兆，天災人禍紛紛降臨。開耀元年（西元六八一年）出現一顆彗星。不錯，裴行儉率兵戰勝了西突厥聯盟，但是占領軍不能撤回，勝利的花費就十分可觀了。儀鳳三年到永隆元年（西元六七八—六八〇年），李敬玄將軍在喀克喏爾兩度敗給吐番，百姓遭到屠殺，士兵倒斃路旁。

開耀元年到永淳元年（西元六八一—六八二年）發生嚴重的饑荒。元淳元年五月，京師的大雨連綿不斷，造成洪水。洛水的巨浪沖垮了宮前的一二座橋樑，房屋崩塌，幾千人家被水淹死。六月，北方的麥作先被大雨破壞，然後又乾旱連連，田地完全曬焦了；一陣蝗害侵襲西北，僅存的植物又被洗劫一空。瘟疫興起，根據紀錄，京師確實有吃人的現象，因爲到處缺糧，屍橫遍野，人們餓慌了。結果法律和秩序蕩然無存，鄉下擠滿餓漢、強盜和匪類。禍不單行，十月又有地震，山東則發生大洪水，天神震怒了。

此時，武則天在河南嵩山建了一座嶄新的大廟，打算用嵩山代理泰山，廟名「奉天宮」。雖然有災變和疫病，武則天的意志卻壓倒任何人。她的自信毫不動搖。政府的每一文錢原本都該用來賑災，她卻天真地相信饑民建的大廟可以討好上蒼，使她的政治增加光彩。

讀者也許不相信鬼神那一套，但是每次有人提議到嵩山祭拜，災變立刻發生。武后一直想遊覽全國，到其他四嶽去祭天，就像秦始皇一樣。至少嵩山就在附近。現在她希望後代說，孔子創造泰山聖地，武后則創造了嵩山。但是嵩山的封禪大典每次還在策劃階段，不幸就發生了，不是戰局失利，就是突厥或契丹侵入中國，只好取消進香之旅。儀鳳元年（西元六七六年）出過這種事情，調露元年（西元六七九年）又發生一次。

永淳元年（西元六八二年）六月，饑荒和瘟疫達到高峰，奉天宮正式動土，次年落成。她除了想爲自己多建紀念碑之外，蓋這座大廟也因爲她企慕半人半神，正顯現出色情狂和自我崇拜的初級徵兆。她對自己的觀念改變了。她滿足了一切世間的野心，以女人的身分統治整個文明世界，自覺應該和天神聯手，以她凜然的面目來增添上蒼的光榮。

弘道六年（西元六八三年）正月，皇家第一次到奉天宮遊覽。大廈完成，但是庭園、欄杆和補助房屋還要過一段日子才能完工。有人建議在完工的時候舉行封禪大典。這是第四次提議封禪，結果很不吉利。

十一月，皇帝和皇后去參觀即將完成的建築。高宗突然頭痛難當，痛得雙目失明，御醫張文仲和秦鳴鶴請求用針灸，皇后大驚失色。

「他們應該處死，居然想用針刺天皇的龍體！」

但是祖父痛得大叫，「讓他們試試吧，疼死我了。」

於是施用金針，皇帝立刻解除痛苦。

「我又看得見東西了！」他歡呼道。

「感謝上蒼！」皇后大叫，並以絲帛厚賞兩名御醫。

但是神經痛又來了，皇帝想再行針灸，皇后不准。

「一次就夠了！」

皇上劇痛難當，匆匆返京，十一月二十四日抵達洛陽。群臣在天津橋南方列隊歡迎他。十二月四日，朝廷通令大赦天下，希望爲聖上延壽。皇帝計劃在則天門樓上親自宣布。上馬的時候，忽然喘不過氣來，爬不上馬背，於是叫大家在宮前集合聽命。

「百姓快樂嗎？」他問道。

「他們都很快樂，感謝大赦的德意。」

「我的病情恐怕相當嚴重。但願上蒼容我再活一兩個月，讓我回到長安，我就心滿意足了。」

那天晚上，皇帝病危。他召見大臣裴炎進屋接受遺旨，由哲宗繼位，重要的國家大事可奏請太后決定，長期受苦的皇帝終於安息了。

依照常理，太子哲應該立刻即位，以穩定民心。三天、四天、五天過去了，武后似乎還不能執行遺命。第七天，在斐炎協助下，她終於讓太子登基。現年二十七歲的太子哲正式變成皇帝。

祖母變成太后，高宗五十五歲駕崩，她今年六十歲，她的人生才剛剛開始呢。

第三卷

24

由高宗死前的種種事件看來，武則天似乎如願以償了。如今她大權在握。她身爲太后，可以控制年輕的兒子——新即位的王子哲。她比丈夫長命。長子弘已經死了。高宗其他的兒子上金、素節和先父李賢都流放在外。一切都合乎她的計劃。她——除掉年長而能幹的王子，就是想借一個溫順兒子的名義來統治帝國；她當年能把丈夫玩弄於股掌之上，如今當然也可以控制兒子。她要繼續掌權。要是換了別的女人，這樣早就心滿意足了。

但是這些年的種種事跡，也顯出武則天的權力渴望、自私、任性和特殊的野蠻手法，以及傑出的政治技巧。二十年來，她可以說是政治方向的唯一發言人，她飽嚐王朝的至高權力，曾罷黜並懲罰有定見的人，無情地壓平反對勢力，輕易使政府和行政體系變成卑屈的整體。多年的成功使她更有自信，權力欲也愈來愈高。我們可以預料，這位老婦人一心追求更大的權力，有一天著迷了，難免要策劃出一件聞所未聞的怪事。誰要是以爲武則天對太后的身分心滿意足，他可真是猜錯了。

高宗死後，她遲遲不讓太子哲繼位，已經表露了蛛絲馬跡。中書令斐炎非常困惑。因爲武則天心裏正在辯論：她是否甘於如此，是否該採取激進的措施，立刻假造遺命或者發動政變，由自己登基。

事實上，她擔任皇帝的妻子或母親，位居副手，不能親揮王笏，實在有些厭倦了。後來事情的演變證明她猶疑不決，其理就在此。一連六天六夜，她心裏辯論這個問題。當然她可以毒斃太子哲，但是那樣她也不得不毒死王子旦。她不知道這是不是最好的辦法。她老練圓滑，最後終於忍下了這條暗計，決心順應法理。她暫時採取不受攻擊的措施。她可以找理由把年輕的皇上貶到幕後，由她代行政事。凡是向她職位挑戰的人就是謀反，因爲她是合法的太后，替唐朝合法的君主管理政事。經過這一番推理，她終於拗不過斐炎的主張，第七天就讓太子哲繼位。

因此，朝政上掀起一陣旋風，我們絲毫不感意外，有些人早就料到了，只是速度之快，聲勢之猛讓人震驚而已。她被一個榮華夢所驅使，一心想自立爲「皇帝」，自建新王朝，現在她全心做這個美夢，開始做出別的女人想都沒想過的事情。

風暴的來臨，快得出人意料之外。她似乎等得不耐煩了，高宗去世才兩個月，她就廢立兒子，先將他囚禁，然後發配外地。這是她第四次廢立兒子。西元六八四年（年號嗣聖）二月五日，她逮捕皇上，以脆弱不成理由的藉口將他拖下龍座。別的叛徒是逼走國王，她卻不得不掠奪親生兒子的王位，但是武則天不在乎。

太子哲年紀不小了，他已經二十八歲。他和斐炎發生爭議，恰好給母親一個口實。他想讓岳父韋玄真當門下侍中。斐炎反對，他岳父做官的資歷不足，不配擔任這麼高的職位，雙方接著熱烈討論。

年輕的皇上說，「別忘了，我身為一國之君。我如果願意，甚至可以讓位給他呢。」這些氣話正是武則天廢立皇帝的好藉口，皇上不知道危險存在，像一隻小鹿高高興興在草原上吃草，不小心靠近母獅守候的樹叢。武則天立刻撲向兒子，實在令人吃驚。

她和斐炎商量，並說明自己的打算。斐炎不是長孫無忌，也許他熟知太后的性格，知道違背她的意思也是枉然。她還秘密拉攏一位羽林軍的將領。二月五日早晨，宮殿四周士卒密佈，百官照例到朝堂面見大臣。沒想到武則天出現了，皇帝跟在後面。皇帝正要走上龍壇，中書令斐炎突然阻止他，並從袖子裡抽出一份卷軸，鄭重宣讀太后的詔令，將他廢立，囚禁宮中。於是他降為盧陵王，羽林軍的首領走上來拖他出殿。

「放開手！」李哲大惑不解說，「我犯了什麼罪？」

「你的罪狀？」他母親大喊道，「你要讓位給你岳父，罪已經夠大了。」

當然，叔叔李哲說的完全是氣話，爭論中的假設語氣不能當真，也不足以做為廢立國君的理由，但是抗議也沒有用。

叔叔李哲做了五十四天的皇帝，居然在群臣面前被拖出聖殿。群臣嚇慌了，誰也沒見過這麼專橫的場面。他暫時囚居在宮裏，三月奉調到房州。一個月不滿又移到均州，都在河北境內（日後又移到房州）。他的岳父全家也被發配到南方。

朝臣和百官忍不住問道：太后究竟在搞什麼鬼？除了李忠之外，李弘、李賢、李哲都是她親生的兒子，居然一一遭到流放和囚居，這實在不是太后和母親該有的行為，大家以為幼子李旦是繼承者。

如今武則天第一次展露出她的意圖。二月十一日，王子旦率領全體王公在武成殿為母親獻上「太后」的稱號。說也奇怪，居然沒有新皇帝登基的儀式。他當時二十二歲，過了三天，也就是十四日，太后僅派姪兒武承嗣送一份懿旨到李旦的居所，派他當「皇帝」。從此「皇帝」就不曾公開露面！更奇怪的是，新皇帝無緣無故被囚禁在後宮，不准和大臣或外界接觸。真是萬分特殊的繼位程序！

事實上，叔叔李旦是武則天的最後一文賭本，對她非常有價值，簡直和第一位可憐的太子李忠不相上下，只是意義不同罷了。李忠是假想的篡位人，好幾位大臣都以他同黨的名義遭到誅殺。李旦則是她篡位的合法基礎，她要代他統治天下。推翻唐朝，自建武氏帝國的目標還沒有實現，這件事需要其他的手法和另一種氣氛，箇中訣竅，只有她自己心裏明白。

武氏現在以兒子的名義獨攬大權，史上稱這段時間為「武后則天皇帝」時代，由光宅元年（西元六八四年）開始。因爲以後一連串茫然的變遷，正史上不得不略去「睿宗皇帝」的時代。天授元年（西元六九〇年）「皇帝」不像他哥哥李哲正式廢立，卻不知不覺變成了「皇嗣」——誰的「皇嗣」，語意不清。因爲經常改來改去，爲了簡明起見，我還是叫他們王子哲和王子旦來得方便些。

武則天喜歡改名字，常常把兒子的名號改來改去。王子旦出生時，取名「旭輪」，總章二年（西元六六九年）去掉「旭」字，單名「輪」。儀鳳三年（西元六七八年）改名「旦」，天授元年（西元六九〇年）又改爲「輪」，聖曆元年（西元六九八年）再改爲「旦」。王子哲的名字也一改再改。這麼一來，說不定一個人的性格也變得猶豫多慮了。

那年二月、三月、四月真是刺激的日子。事情太多了。大家還沒有時間喘氣，武則天的鐵錘又砸下來了。駱賓王的《討武曌檄》說得真不錯，「一抔之土未乾，六尺之孤何託」。事實上，高宗的陵墓還沒有動工興建呢。

當時先父囚居在成都，我年方十二歲，已離開父親三年多了。祖母敬重先父的才能，對他比其他的兒子更加畏懼。他說不定會起兵造反，或者變成他人起兵支持的對象。武則天深思熟慮，採取預防措施。殺死先父有其必要，用的是同樣的政治技巧。王子哲退位後三天，她派了一位羽林軍首領到成都，任務是「檢校故太子賢宅，以備外虞」。這位特使把先父關在後屋，然後逼他自縊，他臨死前寫了一首詩，名叫《黃瓜詞》，留存至今。

種瓜黃台下，瓜熟子離離。
一摘為瓜好，再摘使瓜稀。
三摘猶為可，四摘抱蔓歸。

這顯然是指李忠、李弘去世和李哲、李旦囚居而言。

先父的自殺消息傳到京師，祖母爲了掩飾謀殺的真相，特別在顯福門公開弔喪，她則以死者母親的身分參加。據說一切都怪特使丘神勣，於是丘神勣遭到降職的處分。大家都奇怪，他身犯這麼大的「錯誤」——害死一名王子——居然輕輕鬆鬆過了關。但是，半年一過，丘神勣又被召回京師，恢復原職。大家才知道他是奉太后的懿旨行事，根本沒有錯。

現在我和兄弟們開始囚居在宮裏。我們是獲罪王子的孤兒，和王子旦全家關在一起。我們不准踏出宮門一步，只有參加中宮的大宴才特准離開東宮。我們學會了低聲耳語，自覺像罪犯的小孩，靠祖母恩准活下去，彷彿在巨大的黑影籠罩下，一點辦法都沒有。我們隨時會遭到放逐、殺害、被迫自縊的命運，連王子旦也不能身免。王子旦眼看諸兄弟的命運，變得十分柔順，一心做個乖兒子。

十五年間，我從來沒見過洛陽的街道。我們雖然聽過不少令人髮指的「革命」，朝政的知識卻由傳說而得來。爲了自保，我們自我安慰說：我們充其量只是偶然挨挨武氏諸姪的羞辱和皮鞭而已。

爲了生存，王子旦假裝一無所聞，一無所見，一語不發。他單獨關在一個地方。其實他在宮內比流放異地安全多了——先父的命運可爲殷鑑。他靜靜接受自己的角色，知道他給母親合法的口實，對母親頗有用處。祖母不費心說明「皇帝」爲什麼囚禁在宮裏，而不坐在龍座上，幾位低聲議論這個問題的大臣都流放在外。她永遠不希望再聽到這些低語。

這一切，中書令斐炎全看在眼裏。他不贊成，但卻無計可施。其他高官也是一樣。不過，武則天知道大家心裏一直想著這個問題：皇帝爲什麼不坐在朝堂上，只是不說出來罷了。垂拱二年（西元六八六年）她作勢要還政給皇帝，事先讓王子旦明白她並不是真心的。王子旦客客氣氣推讓，請她繼續執政。面子遊戲玩得高明極了。她運用美妙的策略把皇帝操縱於股掌之上。

25

妙極了。先帝已死，能幹的王子李弘和先父李賢都已經送命。王子哲囚居河北。「睿宗」王子旦獨自監禁，成爲宮中溫順的俘擄。祖母一個人高居在龍座上，和眾臣隔著一道深紫色的紗簾。她自信地展望快活而長壽的一生。當然誰也不會質問她有沒有權利坐在那兒。她說要還政於睿宗，是睿宗要求她繼續執政的。

七月裏，西天出現了一顆光彩異常、長達兩丈餘的彗星，一連三十三天都清晰可見。半夜起床一望，確實給人敬畏和美麗的感覺。這是祖母所能企盼的最佳天兆。天帝發言了。雖然那一年她把兩位皇帝推出朝堂，年號已經改了兩次。爲了慶祝這件事，她還是將年號再改爲「光宅」。

新政府的風格變換，有不少跡象可尋，龍座上的女聲更專橫、更任性、更可怕，不聽人勸告，不容人反對。她氣沖沖說話，但是她對你友善更嚇人。誰也不敢確定，今天她是你的朋友，明天一聲令下你就人頭滾地了。武則天現在可以爲所欲爲，她可以封賞一個人，提拔一個人，也可以殺死或流放任何人，全看她高興。

現在她的政治生涯和私生活等各方面，都表現出權力的貪慾和自我歌頌的嗜好。武則天很想慶祝自己的勝利，至於用什麼方法倒無所謂了。她自覺像一個發橫財痛飲的窮漢；勢必要喧鬧一番，才能配合那種場面。她說不定要造一間上下顛倒的房屋或者倒立的高塔，這才足以慶功。武則天現在要狂跳狂衝了。

光彩的彗星照亮了頭上的天空，地球上的一切也要改名字來強調她的榮華；洛陽改名「神都」。她不肯假謙虛。國旗也換了，改成金色和紫色，顯得自負而大膽。一紙詔命，整個行政系統的名稱再度重新審核，換上喜氣洋洋的新名字。單說高級職位的名稱，朝堂左側的門下省改名「鸞台」，右側的中書省改名「鳳閣」。皇帝圖書館叫做「麟閣」，尚書省改名「文昌閣」。這一切都令人想起崑崙山巔的王母娘娘管轄中的仙境。

她在塵世的角色和宇宙的計畫合而爲一，六部的名稱也跟著改了，吏部改成「天」部，戶部改爲「地」部，禮、兵、刑、工四部分別改爲「春」、「夏」、「秋」、「冬」。女神就坐在「光宅」中央，也就是天庭的正中央，現在暫時屈稱「太后」。由於疏忽，她那年改稱「太后」，「天」字居然捨掉了。一定得想辦法；非想辦法不可。

爲了配合喜慶的精神，武則天決定輕輕鬆鬆慶祝一下——以她特有的辦法。看來祖母在這段凱旋時期非常快樂。加上她又自覺是一國之君，於是想和皇帝一樣消遣消遣。

我們記得，她曾廢除宮中的妃嬪制度，代之以四、五位「贊德」和「宣儀」女官，大大淨化了高宗的道德氣氛。因爲高宗是她的夫婿。那些女官結局如何，宮廷年鑑並沒有記載，但是現在她自己當了皇帝，當皇帝而沒有侍妾，沒有消遣，她覺得很不對勁。

她如何娶妾呢？當然必須是一位男妾。如今一位瘋和尚而控制了宮廷生活。最後，祖母弄得聲名狼藉——成爲茶樓酒館、說書賣唱的閒話資料——由於她和這名和尚以及日後幾位靠政治迷夢而得到的情夫的韻事，她變成了家喻戶曉的傳奇角色。

我不是道學家。最好的皇帝一生往往有許多女人。爲什麼女皇帝就不能和情夫盡情享受呢？可能祖母想要「養」男妾來提高女性的地位。六十歲的太后居然公開選一位市井拳師當她的姘夫，未免很不體面。這就是她慶祝新地位的方法。

瘋和尚薛懷義起先既不是和尚，也不叫這個名字。他本來在洛陽街頭摔角賣膏藥。身體高俊魁偉，好逞筋骨之能，大吹自己的床笫功夫，我們眼看這名拳師進出宮殿，渾身肌肉，走路大搖大擺，正是典型的市井青年。他每一個毛孔都散發出男性的氣概。他真名叫馮小寶。透過一名宮女的關係，和一位公主過從甚密，這位千金公主覺得他的床笫功夫確實名不虛傳，於是向武則天推薦。武則天喜歡他，經常召他進宮，起先是暗中進行。馮小寶從不爲姓名傷腦筋，但是一個大男人叫這個名字，總嫌不雅，武則天賜他姓薛，因爲她的女兒太平公主嫁給薛紹，她要女婿叫小寶一聲叔叔。「懷義」這個名字也勝過「小寶」。太平公主亦非善類，母女一向共同參與密謀——如今更分享一切的秘密。

現在武則天迷上了薛懷義，生活少不了他，任他胡作非爲。祖母缺乏母性的本能，突然發覺自己是女性，暫時忘記女皇帝的身分，只是一個普通的女子，在市井拳師面前完全軟弱無力。她的冷酷、她的情緒壓抑、她嚴苛的政治觀完全被小寶的熱情融化了。

也許正相反，說不定她心裏覺得，這一切狂歡都是龍座光彩的一部分。也許她想像宴飲、狂歡、嘻鬧就是天庭眾神所享受的生活。我們以後可以看出，薛懷義慢慢使她產生奇想，要大家相信她是佛陀再生，於是她在朝堂後面建了一座「天堂」，高達三十丈。只要瘋和尚當她的情夫，一道奇怪的幻想、肉慾，人間和天上的光輪便環繞著她；直到他對她不忠，符咒才完全失效。魔力存在的時候，她有信心和宗教的靈感來執行政治計劃，她是佛陀轉世，來到世界判別善惡——信她就是善，不信她就是惡。武則天自己承認，接受佛教有助於新朝代的成功。

爲了讓馮小寶合法進宮，武則天叫他剃度當和尚，和尚道士都有權進出宮殿，尤其是太后的寢宮，她派他當方丈，叫他管轄白馬寺；白馬寺以玄奘譯經而知名。他負責爲先帝們祈禱，免不了要經常出入禁宮，向皇后報告。

武則天有權將市井無賴升爲皇家寵兒，心裏很得意，就像皇帝拾養一個貧家女，封她爲夫人一樣。方丈對女皇的恩寵頗有信心，一言一行都不改無賴的本色。他是吹牛大王、花花公子，在京城街道上人見人怕。他騎在馬背上，前面有宮僕開道，在市區裏隨意奔馳，誰要是來不及讓路，說不定就要挨一頓鐵鞭。有一次，他在街上公然毆打一名御史（右台御史馮思勗），因爲御史彈劾他。在宮裏，他被視爲王夫，名分不然，其實卻是那麼一回事。武后將御用馬廄的名駒賜給他，所過之處，內廷官吏都向他行禮。女皇帝最喜歡的姪兒武承嗣和武三思更大拍他的馬屁，執馬供他上下，以爭取他的好感。

有一次，薛方丈由前門入宮，要到女皇的後殿，不巧穿過門下省的衙門。門下侍中蘇良嗣是道貌岸然的老先生。他依禮招呼，薛懷義不理不睬。蘇良嗣惱火了。

「禿驢，你好大膽！你上這兒幹什麼？」

方丈捲起袖子，打算大鬧府衙。接著發生混戰，蘇良嗣叫衛兵將他制服，然後打了他十來個耳瓜子。

薛方丈連忙趕到女皇住的迎仙殿，大嘆苦經。武則天聽完，大笑了一場。

「誰叫你走前面？你該由北門進來呀。」

蘇良嗣一點事都沒有。武則天沒有追究，真是太聰明了。

武后不希望方丈離開她身邊，也不想放他出去到處說閒話，於是叫他負責管理宮中的大廈和花園。方丈曾說他懂建築術，至少會蓋房子。於是他經常住在後宮，就有了無恥的藉口。

但是依照傳統，女眷住的後宮只能容納婦女和宦官。一個不去勢的男人住在裏面，難免招來不少閒言。御史王求禮，一向恪盡職守，他上了一道奏摺，建議薛方丈若要待在後宮，應該去勢，「庶不亂宮闈」。武則天看到奏本，開懷大笑，她認爲很有趣，很有趣。她再度置之不理，也沒有處罰上奏的人。

關於這位方丈的宗教和政治狂想曲，後面幾章我再詳細介紹。

26

凡是思慮較深的人都爲最近幾個月的事態而震驚：先是廢掉一個年輕的皇帝，接著又囚禁了另外一個。女暴君顯然發狂了。「光宅」名稱閃亮，整個氣氛卻被一件公開的醜事所污染。你可以阻止大家公開批評，卻止不住他們心中的想法。原來她就是著名的「淫婦」，先當太宗的侍妾，又當高宗的妻子，曾大殺高宗及她自己的親生兒女。大家暗中猜疑，這個偉大的「淫婦」想幹什麼？大家私下同情幽居的王子們，因爲民心懷念太宗，而這些人正是他的孫子，她最好不要踏入唐朝的宗廟。

在明眼人看來，最大的危險莫過於提升武氏諸姪，又在洛陽建立武氏宗廟。她當年著書反對皇后偏愛娘家，如今卻自相矛盾，叫自己的姪兒擔任重要的官職。

武則天有三位叔伯，如今她還剩下十四個內姪，武承嗣、武三思、武攸寧和武懿宗也包括在內。武承嗣最活躍，最有野心。他沒有受過適當的教育，完全是勢利暴徒，卻具有政客的陰謀詭計，五月被任命爲「納言」。但是他天生拙劣，連武后都受不了。他的「納言」幹不到一個月。武承嗣是武則天之父的長孫，從此顯赫異常。

武氏諸姪突然飛黃騰達，大唐的王孫卻流落、失寵、權力盡失。當時大家私下說，武承嗣和武三思拍方丈的馬屁，大臣百官又拍武家諸姪的馬屁。其他的姪兒也封了將軍，或者當上各機構的主管。

這是反常的現象。武則天太放肆了。唐室畢竟有不少子孫。高宗和太宗都有十幾名兄弟，如今年屆五十到七十，他們又留下許多後代。諸王至少有三十幾位。因為武則天的關係，實權移到武家姪兒手上。無論教育、修養、外貌，武家都比不上唐室子孫。武家高大粗魯。但是重要的職位——例如兩京和紫禁城的統率——都由武氏姪兒把持。這是內部的瓦解。

法理站在武后這一邊，她是替高宗的兒子李旦處理政事。太宗的兄弟都是德高望眾的君子，其中以元嘉、元軌、靈夔最著名。武則天非常精明，特地派這些長輩擔任三公，點綴新政，位高卻無實權。武承嗣想把這些唐室諸王貶調各地。他和中書令斐炎正面衝突，直到斐炎失勢，諸王才調離京師。但是唐室諸王無權無兵，三公三師能幹什麼？

但是最引人注目的是，武承嗣說要在京師建立武氏宗廟。這是建立武氏王朝最明顯的徵兆。武家在長安已有宗廟。在東都照太廟形勢再立新祠是謀反的行為。武則天的祖先早就追封了各種爵位。但是現在，五代以內的祖先無分男女都冠上了王侯的封號。

謠言紛起，人心惶惶。太后顯然想毀滅大唐嘛。一定得有人想想辦法，因為大家都忘不了太宗的德政。兩位少主分別囚居，一點權力都沒有。大唐的其他宗室——太宗及高宗的兄弟，以及他們的子孫——看到時局的異兆，非常擔心，武后太過分了，她不相信有人敢起兵造反，若有人謀反，她就無情地粉碎他們。

一群學者首先發難。帶頭的李敬業是司空李勣（原姓徐）的孫兒，多年前，李勣曾任武后的冊封大典。五、六名學者和退職官吏在揚州會合。他們受到事態的激擾，知道民心向誰，於是起兵發難，憑謀略接收揚州的軍隊，選一個人當先父章懷太子李賢的替身，說他沒有死，如今和他們一起向篡位者宣戰。大義凜然，希望很高。半個月就招到十萬兵馬。

他們先請駱賓王寫了一篇《討武曌檄》，那篇文章如今已成千古名作。檄文傳到京師，比叛變的消息更加轟動。十口相傳，有些攻擊的文句可以說是深入民心。除了體裁和韻律之外，內容更道出了大家的心境，把學者和百官只敢在家中耳語的私語在紙上表露無遺。說得真坦白、真優美。這篇大作人人爭傳，比武力更能毀滅武則天的聲望。內容如下：

偽臨朝武氏者，性非和順，地實寒微。昔充太宗下陳，曾以更衣入侍。洎乎晚節，穢亂春宮。潛隱先帝之私，陰圖後房之嬖。入門見嫉，娥眉不肯讓人。掩袖工讒，狐媚偏能惑主，陷元后於翬翟，陷吾君於聚麀。加以虺蜴為心，豺狼成性。近狎邪僻，殘害忠良。殺師屠兄，殺君酖母，①神人之所共忌，天地之所不容，猶復包藏禍心，竊竊神器。君之愛子，幽之別宮，賊之宗廟，委之以重任，嗚呼！霍子孟之不作，朱虛侯之已亡。燕啄皇孫，知漢祚之將盡；龍漦帝后，識夏庭之遽衰。

檄文接著描寫叛軍的情況。

敬業皇唐舊臣，公侯冢胤，奉先君之成業，荷本朝之厚恩，宋微子之興悲，良有以也。袁君山之涕流，豈徒然哉！是用氣憤風雲，志安社稷。因天下之失望，順宇內之推心。爰舉義旗，以清妖孽。南連百越，北盡三河。鐵騎成群，玉軸相接。海陵紅粟，倉儲之積靡窮，江浦黃旗，匡復之功何遠。班聲動而地風起，劍氣沖而南斗平。暗嗚則山嶽崩頹，叱吒則風雲變色。以此制敵，何敵不摧。以此圖功，何功不克。

最後提醒先帝遺臣不要忘記往日的忠貞。「一抔之土未乾，六尺之孤何託。」他呼籲全民起而支持正義，並警告猶豫不決、眷戀富貴的人將來必遭到嚴重的處罰。「請看今日之域中，竟是誰家之天下。」

「棒極了！」武則天看完說，「誰寫的？」

「駱賓王。」一位大臣說。

「這是諸卿的過錯，這樣的天才竟沒有網羅旗下，實在是一大恥辱。政府本該善用此人才對。」

①「弒君酖母」沒有史實根據，據聞武則天的母親楊氏正好死去，也許義軍就利用這一點來做為戰爭的宣傳。

27

不幸，叛軍的頭袖都是讀書人，誰都沒有帶兵的經驗。有了恰當的戰略，叛軍可以像檄文說的，橫掃全國，像烈焰把武則天燒死在迎仙殿裏。但是意見分歧。有一個人建議：他們大膽進兵都城，可以贏一個出其不意，政府軍還來不及反攻，叛軍就可以合併各地的軍隊，其中不少是忠於唐室的，尤其山東的健兒更是忠心耿耿。但是李敬業希望穩紮穩打，他以南京爲根據地，採守勢而不採攻勢，以便開頭兵敗可以退回東南。心理上的時機完全失去了；因爲誰也不會對一個孤立的南京政府感興趣，說不定要以寡敵眾連打好多年呢。

現在政府派李孝逸將軍率領三十萬大軍反攻，兩軍在江河密佈的江北平原上發生會戰。起先不分勝負。義軍在長江北岸分佈成拱圓形，圍繞南京西北的丘陵和湖泊，以南京爲戰略中心。李孝逸遲疑不決。這時候，太后不敢冒險，萬一李司令率兵倒戈，那就糟糕了。於是她派一位長年在北方打突厥的老將「黑齒常之」去指揮並監督他。李司令的幕僚勸他趁新將領還沒來，先採取行動，攻打敵方最弱的一環，因爲他們知道叛軍的武力並不均衡。河岸邊發生拉鋸戰，此刻河邊的蘆葦又高、又脆、很容易燃燒，政府軍放火燒蘆葦，義軍陣腳大亂。李敬業眼看軍力潰敗，大軍散成烏合之眾，他想在長江以南重新招兵買馬，卻沒有成功，政府軍乘勝追擊。

最後，他看到良機已失，想逃到海邊，偷渡到韓國，等船的時候遇到暴風，被手下的軍官殺死，其他將領也一一被擒。千古檄文的作者駱賓王不知去向，從此也沒有人聽過他的行蹤。將領的首級都被砍下來送到京師當戰勝品。短短兩個月，十一月叛徒就壓平了。

如今二十五位叛軍的首級高掛在洛陽的城門上。武則天討厭叛徒。李敬業不但被滿門抄斬，甚至他的祖父司空李勣曾經爲她主持冊封大典，使她爬上高位，也曾率兵征服高麗，又是太宗的「二十四勳臣」之一，他的魂魄卻不得安息，武氏下令開棺戮屍（**平亂的兩名司令幾年後也被處死**）。

戰爭進行中，太后讓群臣先嘗嘗她的脾氣。

斐炎事事阻撓武承嗣，武承嗣告他一項罪名，於是太后下令將斐炎處死。斐炎的一位姪兒參加叛變，武承嗣推論他也是同謀。斐炎說過：「皇帝年長，不親政事，故豎子得以爲辭。若太后返政，則不討自平矣」，這才是他獲罪的主因。雖然斐炎以廉正而知名，他說了這句話，就非死不可。事後抄家，才發現斐炎身居中書令，居然家徒四壁，只有幾件簡樸的傢俱。

斐炎定罪很特別，舉朝開會討論他的罪狀，重點不是他實際上有沒有參加叛亂，而是他可不可能參加，證據一無所有。對話如下：

李景諶：我相信斐炎可能參加亂黨。

胡元範：不，斐炎一向忠貞。我相信他不會謀反。

劉景先：我的看法和胡元範一樣。

太后：我知道斐炎會謀反。眾卿不知道原因。

胡元範：他若是亂黨，那我們都是亂黨了。

太后：不，我知道他會參加亂黨，你們不會。

武則天暗示，若觸及武氏篡奪李氏江山的問題，斐炎就會謀反。她和武承嗣深深知道斐炎非殺不可。

她心情惡劣，還殺了兩個和叛軍將領有私交的大將，未加審訊，只派羽林軍到他們的駐地宣讀聖詔，當場處決。其中一位是程務挺大將軍，他是「突厥的剋星」，此人一死，突厥大肆慶祝。另外一個是王方翼，是王皇后的親族。

如今叛變已平，武則天得意洋洋坐在武成殿上，高官大臣都圍繞著她。她滿面怒容對百官說：

「你們可知道我為國家鞠躬盡瘁？」

「當然，陛下。」眾臣說。

她又說，「二十年來我費盡心血，代先帝治理國家，一刻都閒不下來。我賜給你們地位和權力，我給國家帶來秩序與和平；先帝駕崩以後，我無時無刻不為人民著想，從來不考慮自己，但是這次帶頭叛變的竟是名臣名將。誰比裴炎更有權？誰的出身高過李敬業？誰帶兵勝過程務挺？他們不忠，我照樣格殺勿論。誰要是自以為比裴炎、程務挺或者李敬業更有辦法，想要自討苦吃，那就請便吧！否則你們還是乖乖聽話，不要愚弄自己。」

「陛下，臣不敢。」眾官連頭都不敢抬，齊聲說道。

理論上，太后是代子臨朝，她可以說自己沒有錯，並未背叛唐室。她的面具還沒有撕下來，她還是溫厚的君王，「朕不敢愛身而知愛人。」毫無疑問，她是國家的女主人。未來呢？她也是未來的女主人。她決心成為有史以來最偉大、最有權力的女子，她知道自己辦得到。

28

武后輕輕鬆鬆平了李敬業的叛變，殺掉斐炎和兩位將軍，接著加強恐怖政策。我已經說過武則天用鐵鞭、鐵錘、短劍來制服頑馬的故事，她早已超過鐵鞭的時期，如今正把鐵錘揮向那匹馬，也就是她丈夫的家族，最後才使出短劍。異想天開，卻一點不假。

有人造反，又很快平息，正符合武則天的心願，這不但激得她熱血沸騰，也提高了她行動的興致。她警覺到類似叛變的可能性，也知道自己的統治不受歡迎，有必要施用高壓，鎮壓一切反對。這次叛變正是恐怖政策的藉口。她生性殘暴，大家都預料她會血洗全國，也知道她的用意。

一切獨裁政體都需要高壓，武則天隨手殺了斐炎、程務挺和李敬業，故意讓朝廷震驚，看出她無上的權柄。但是這樣隨手殺人還不夠。因為武則天有一個更積極、更大膽的目標，要消滅唐朝，建立自己的朝代。換句話說，她就是策劃大叛變的最大叛臣。她知道這件事很大膽，也深深明白失敗的危險性。為了野心得逞，她必須創造一種氣氛，一種截然不同的政治氣候，讓臣民知道她是至高無上的，抗拒也是枉然，然後唐室就像一個成熟的果子，順理成章落入她手中。為了實行絕對的專制，高壓手段必須有條有理，已經合法化的兇殺案必須組織起來，於是她發明全國性的間諜組織，讓每一個人都變成左鄰右舍的密探。

我們以後見之並分析事情的發展，可以說武則天正開始展露她計劃的秘訣了。她還沒有對丈夫的王朝發動最後的一擊，得先創造恰當的恐怖氣氛，保證人民害怕和馴服，接著眾口才會「自發」的要求她改朝換代。第二步比第一步容易進行。要創造血腥恐怖的氣氛，她需要兩樣東西：一群讀過書或沒有讀過書的無情手下，能盲目遵行她的吩咐；此外，她還需要一個有效的間諜網，隨時對付膽敢反對的人。任何反對的心聲都得冠上謀反叛國的罪名，施以重罰。國家必須有反叛和不斷威脅的危機，必須保持緊張，才能證明恐怖和殺人的合理；如果有這批無情的密探和劊子手存在，如果間諜組織日漸成熟，武則天一定會成功的。

除了間諜組織，施行的技巧、逼供的方法、清算和審訊都必須高度發展，政府要人招什麼，犯人就會招什麼，武則天惡名昭彰，可以算是中國歷史上第一個間諜組織的發明人，在她統治下，施刑逼供的方法達到最高境界（據說被殺的人往往可找到罪名，不是有罪的人往往會被殺）。《羅織經》就在這個時候產生。後來的暴君和獨裁者都向武則天學到不少技術。

簡而言之，武則天為權勢而發狂，又天生任性橫霸，她要的是一名大劊子手。不久，她就找到了十幾位。他們都是她手下的無情走狗，苦刑和監視是他們的武器。這兩項其實是同一回事——恐怖政治。於是歷史上無與倫比的血腥惡夢就此產生了，然後她再輕鬆下來，享受愚人的崇拜，忘記自己靠大屠殺得到無上的權威，才當上「聖母神皇」、「金輪聖神皇帝」。

垂拱二年（西元六八六年）三月，政府在衙門裏放置一個銅信箱，間諜組織於焉開始。那是一個方形的箱子，分為四格，每邊的頂上有一個小縫，供告密者投書。不管是農戶的僱工、店裏的學徒，還是重犯，誰要有心密告反政府陰謀或朋友、鄰居的言行，都可以直接把告密函投入箱內。

設置信箱的詔命光明正大，詔命說，銅匭專接納「干賞自言，時政失得，柳枉所欲言，識步秘策。」箱子四邊面對四個方向，意在伸張四項大德：東邊是綠色，象徵「延恩」，西邊是白色，象徵「伸冤」，南面紅色，象徵「招諫」，北面黑色，象徵「通言」，這是詔命的說法。武則天從來不肯撇下德性不談，但是四色分格代表四德的信箱並沒有什麼害處；重要的是它的用途和安置的本意。它為手下判官帶來折磨無辜的假罪名，眾官、百姓和他們的家眷都恍如置身地獄。這麼一來，每一個人都變成政府潛伏的間諜，鄰居密告鄰居，犯人密告法官，僕人密告主人，朋友密告朋友。人人自危，只求保住性命，而狡猾的惡人出賣朋友和舊識，就有機會飛黃騰達。生存競爭熱烈進行著。

除了設置信箱，政府還下令各省各區的官吏：若有人密告反叛的陰謀，或者密告批評政府的人，不論他的身分如何，地方官吏都得鄭重接待，就算他是牢裏的犯人也不例外。拒絕密告罪同掩護反賊。告密的人如果願意，還可以要求進京面見太后，一路上該享受五品官的膳宿，太后還親自召見他。如果他能言善道，貌似冷面方頰的重犯，善於做她利眼的走狗，他立刻獲得晉升，變成巡迴的判官或密探，獲賜不少絲帛銀兩。另一方面，如果他的密告不實，或者他看起來蠢笨無能，也可以無罪離開，因為他忠於朝廷，完全是一番好意。武則天從來不潑告密人的冷水。

告密（又稱「上變」）風行，不久，一大堆遊民、賭徒、罪犯、失業者趨之若鶩，視為富貴的捷徑。當時人民認為告密比偷盜更好賺；小偷得冒坐牢的危險，萬一失手就沒有機會偷到金銀珠寶，告密者可以當官，前途只受能力和精力的限制，萬一失敗，卻一點後果都沒有。

於是一大堆絞刑吏得掌大權，再加上其他毛遂自薦的人物，彼此形成一黨，間諜徧佈全國，競相以殘酷行為來表現他們對武則天的忠心、效能和愛戴。他們抓愈多人，愈證明自己的忠貞。

這些政府的酷吏中，有三個人行事最狠，權力也最大：那就是索元禮、來俊臣和周興。

索元禮是北方的胡人，告密之前沒沒無聞。來俊臣本來是獄中的搶劫犯，後來要求出獄告密，才變成大官。周興出身較好，是法律學者，在尚書省擔任「秋官侍郎」。另外還有幾個人：侯思止是不識字的糕餅小販，他擔任「侍御史」，成為大家忍不住恥笑的對象，因為他說話帶有很重的鄉音，出言鄙俗；王弘義是鄉村無賴，在家是不肖子，有一次同村的鄰人聚會宴飲，他密告這些人謀叛，於是爬上了「殿中侍御史」的高位。

三位御史索元禮、來俊臣和周興代表「肅政台」，地位十分重要，因爲那幾年間，他們成爲武后政變奠基的領袖人物。索元禮官拜「游擊將軍」，是密探頭子，有權先斬後奏；來俊臣擔任御史中丞，周興擔任秋宮侍郎，臨死前幾個月升爲尚書左僕射，以酬賞他大殺唐室諸王的功勳。來俊臣和索元禮的名字併在一起，「來索」一辭變成酷刑的同義字。官宅的侍女聽到敲門聲，一看是肅政台的官吏，就叫一聲「來索！」等於是「魔鬼來了！」一個月以後，百分之九十的案件都紀錄說：她們的老爺被殺，家眷沒籍爲奴，發配充軍，家宅化爲廢墟。

大體上，這幾個人手下分別殺過幾百條性命，毀過一千多戶人家。索元禮是告密家飛黃騰達的第一個例證；周興是大殺唐室諸王的主要判官兼劊子手；來俊臣野心最大，百姓最恨他也最怕他，唐室滅亡之後，他還繼續執行他的工作。來俊臣對百官有生殺大權。最後來俊臣獲罪身死，很多官吏都坦承他們曾被迫與這名惡徒合作。

「你們爲什麼要這樣做呢？」太后問道。

「道理很明顯。我們若違犯了陛下的法令，只有一個人獲罪；但是我們若得罪來俊臣，全家妻小都會送命。」

武則天對她利用的走狗們完全瞭解，密探頭子的價値一失，她對這些人照樣不留情面。她叫肅政台的新頭子來俊臣設法誣陷老頭子周興；她心裏暗自佩服那些不畏權勢、暫時放逐的正直君子。我以後再談談她的政權鞏固之後這些酷吏的下場，以及正直良臣被召回朝廷的經過。

29

我必須詳細描寫武后手下苦刑逼供的辦法，因爲不談苦刑就無法瞭解大唐滅亡的歷次事件，審訊和清算。

李敬業兵敗後不久，索元禮突然竄升高位，變成告密發跡的第一人。這次叛變帶來搜捕疑犯的緊張氣氛。他們故意造出一種印象：國內有大陰謀，有不少謀叛的中心。他能比別人逮到更多罪犯，能查出更多案情。因爲他具有獨特的逼供辦法。其一是鐵帽，戴在被告頭上，楔子逐漸加壓，直到犯人供出來爲止。如果被告寧死不招，頭顱往往壓得粉碎。犯人死了就死了，一點麻煩都沒有。其二是叫犯人直躺，頭頂懸一塊石頭，看犯人的心理狀態而輕輕或重重敲打他。其三是把人雙手反綁，繫在拷問台上。既然索元禮的目標是儘量多抓人，顯示他的效率和成果，他經常叫犯人指控一大堆親友舊識，所以一人被捕，往往牽連十餘人，結果索元禮大得武氏歡心，武則天常常召見他，誇獎他的成效。接著來俊臣和周興也依樣畫葫蘆。

法治系統當然破壞無遺，代之以新的刑法觀念。太宗當政的時候，除了一年　度的秋決，誰也不能處死囚犯，而死刑案都經過大理寺的會審。在送往京師前，犯人得先由地方性的三級衙門依次審問。如今則可以先斬後奏，以前御史中丞的職責是查案、彈劾和檢舉。如今肅政台擁有兩座大牢，俗稱肅政台監獄。

侍御史身兼巡察、判官和劊子手。根據天授元年（西元六九〇年）十一月李嗣真的奏章，十五名監察御史官居八品，竟可以先斬後奏，犯人不得上訴。

來俊臣在另一位刑吏萬國俊的幫助下，編了一本小冊子，名叫《羅織經》，把逼供和互控法變成一門學問。這是一本編排甚佳的手冊，專供全國密探使用，教他們誣陷及施壓的技巧，其中有不少明晰有用的提示。有了《羅織經》和施刑的技巧，判官可以要犯人招什麼，他們就招什麼，隨時逼出結果來。銅信箱也很便利。他們這一夥人想要牽連一位王侯或高官，只要從各區派人寄幾封告密信，罪名和細節相同，案件就會交到秋官侍郎周興手中，由他處理。判官自會準備誣陷的資料。

我們要特別提提來俊臣的技巧。他的一位同僚曾經說了一句雙關語來形容來俊臣的府衙。他的衙門設在皇宮以西不遠的麗景門。他的朋友稱那邊爲「例竟門」，因爲被告一進門，照例有去無回。不管罪名是什麼，來俊臣總是先由犯人的鼻孔灌醋進去，然後丟在其臭無比的地牢中挨餓，據說犯人甚至餓得咬被單。然後用精神疲勞法，酷吏不斷審訊犯人，不讓犯人睡覺，每次一睡著，就要人拉醒他，於是幾夜失眠後，他的心智模糊不清，對方要他招什麼他就招什麼，很快就定罪處決了。①效果極佳；犯人又沒有受刑的痕跡；這一套顯得很新穎，很進步，很成功；奇怪，以前居然沒有人想到過。舊生活的信念一掃而空，年輕的一代不知道人命的法則和人身保護爲何物，開始自覺活在新時代，把一切視爲理所當然。

我寫下這些話，爲的是要記載史實。如果將來有別的劊子手自稱他發明了精神疲勞法，他應該記得武則天時代，來俊臣早就發現了這一招，也像他一樣新穎，一樣進步。利用人類對家族的情感也是逼供的基本原則。武則天統治下，每一種清算、審訊、建立恐怖政治的原則都已經用過了。

十種大枷和拷問台的名字栩栩如生，叫人看了就害怕。根據長壽元年（西元六九二年）周矩的奏章，十種刑具的名堂如下：一、定百脈。二、喘不得。三、突地吼。四、著即承。五、失魂膽。六、實同反。七、反是實。八、死豬愁。九、求即死。十、求破家。一種是扭曲犯人的臂腿；一種是在地上拖拉犯人，頭部挾在拷問台上，胸上壓著重物；另一種是在頸手枷上放厚磚，由背後猛拖犯人。審訊前先讓被告看看刑具，通常犯人寧願照判官的意思招供，只求省去痛苦。

根據周矩彈劾酷吏的奏章，當時使用的刑罰還包括在犯人耳朵裏灌泥土、鉗夾頭部、楔子枷、旋轉拷問台、壓胸法、用竹針刺指甲、由髮梢吊起囚犯、燒炙兩眼……等等。

這些刑訊之所以可怕，有幾個原因。首先，告密者、御史和判官都是同一批人，或者結成一個整體，志在毀滅武則天有心毀滅的人。其次，最有用的罪名是謀反，犯人的家眷兒孫都要發配充軍。酷吏懂得利用親情，犯人若苦打不招，他們就說要對付犯人的妻子、兒女、父母、姐妹，逼人簽具死罪的供狀。家人減刑的諾言有時候實現，有時候背信。第三，他們用同樣的步驟引誘犯人控告自己的親友故交，以求從輕發落——發配充軍，倖免一死。

我們簡直不相信一個女人的野心能帶來這樣的局面，而且發生在聖賢之國，沒想到忠貞、慈孝、榮譽的古訓會如此曲解，失去了一切意義！而人類在赤裸裸的恐懼之下，再度回到野蠻世界，死於恐怖，或者更慘的——活在恐怖之中。人類進步了，向六千年前的上古時代進發。文明變成大家幾乎遺忘的舊夢。

①請參考《舊唐書》的索元禮和來俊臣傳記，以及《新唐書》的導論。

30

一群正直君子帶來了人類信心復甦的一線希望，他們有的為自己的主張而慷慨就義，有的在權力範圍內儘量抵抗劊子手無法無天的作風，維持部分的體統。鳳閣侍郎劉禕之就是一個例子。有人聽到他私下發表言論，說太后應該還政於其子，於是告他謀反。他不肯奉召，說搜捕狀上沒有門下省的官印（這是大家都忘記的法律程序）不合規矩。雖然，朋友們事先警告他，審訊的時候他卻不肯撤銷前言。他確實說過太后應該還政於新皇帝；這不算叛國，他要堅持到底。來俊臣要他指證別人，他也不幹。

「上蒼不容我變成告密的小人！」他說。太后特准他自縊。他寫了一封拜別函給皇上，重申他的立場，然後與家人共餐，一一告別，穿戴官袍官帽，這才從容上吊自殺。韋方質、魏玄同、歐陽通等人就義的精神，與他一模一樣。（見武后謀殺表之三）

還有不少判官儘量提高法律的尊嚴，不肯和酷吏合作。李日知不肯判一名被告有罪，案子在御史之間反反覆覆爭論了好多回。有一名御史說，「只要我當侍御史，這個人絕對不能活命。」同審的李日知說，「只要我李日知在職一天，這個無辜的人就絕對死不了。」

還有兩位著名的司刑丞，他們在權力範圍內拚命拯救無辜。一個是徐有功，一個是杜景儉，本書末尾他們分別榮升高位。徐有功不肯用刑，手下人員大受感動，紛紛立誓不打犯人。被告往往會說，「不知道由誰主審？若是來俊臣或索元禮，我們就完了；若是徐有功或杜景儉，我們就得救了。」

徐有功曾處理王子旦岳母的案件，他發現罪證不足，堅持不肯判罪。案子交到武則天手裏，徐有功和武則天激烈爭辯，他說王子旦之妻在宮中神秘死亡（第三十八節），她母親只是爲愛女的亡魂祈禱，祈禱無罪，他身爲司刑丞，必須維護法律。

「聽說你開釋了不少犯人，爲什麼？」武后問他。

徐有功乾乾脆脆回答說，「也許我曾經錯放了一兩名犯人，但是臣子放了一位罪人是小錯，明君保護無辜良民卻是大德。」

徐有功遭到放逐，但是太后心裏牢牢記得他，幾年後又召他回來擔任要職；可見武則天對自己的所做所爲瞭如指掌，爲了配合目前的政策，只好放逐他。日後她的王位坐穩了，不需要再施行恐怖政策，很多正直良臣又再度掌權。她知人善任，完全照自己的目標來任用殺手或賢臣。

垂拱二年（西元六八六年）三月，逮捕和審訊正如火如荼進行著，詩人陳子昂自覺有責任上書給武后。他在麟台擔任小官，負責改正公函的文字。由他的上書可以看出當時的情況。

「今執事者疾徐敬業首倡禍亂，將息寧源，窮其黨羽，遂使陛下大開詔獄，重設嚴刑。有跡涉嫌疑，群相逮引，莫不窮捕考察。至有奸人熒惑，乘險相誣，糾告疑似，希圖爵賞，恐非伐罪弔民之意也……臣竊觀當今天下，百姓思安久矣。陛下不務玄默以救敝人而反任威刑以失民望。臣愚暗昧，竊有大惑。……伏見諸方告密，囚犯累百千輩，百無一實。陛下仁恕，又屈法容之，遂使奸惡之黨，快意相仇。睚眥之嫌，即稱有密。一人被訟，百人滿獄。使者推捕，冠蓋滿市。或謂陛下愛一人而害百人。天下喁喁，莫知寧所……。」

武后當然不理會陳子昂的諫書。但是他坦白批評也沒有獲罪。信末有一個主旨，他以一片赤誠引經據典說：等人心疏離，這種迫害就會造成全面的反抗。不過，陳子昂的推理只對了一半，如果恐怖手法運用得當，如果天天都有人大批被捕，如果死刑變成公開的行列，如果全國有一個互相密告的系統，反對根本不可能發生。武則天的作法完全正確，她也知道這一點。

永昌元年（西元六八九年）三月和十月，殺風正盛，陳子昂不屈不撓，又分別上書給武后。這位詩人可以說是第一個提倡人性尊嚴和恢復國法的心聲。他代表人民的良心，而當時另外兩位詩人沈佺期和宋之問①則競相爲武氏和她的情夫們撰寫頌歌，彼此形成強烈的對比。

①陳子昂、沈佺期、宋之問是初唐的三位詩人，比杜甫、李白稍早。

31

唐室諸王，也就是高宗的叔伯和兄弟們，還是沒有動靜。他們靜坐觀望——面對恐怖的情勢，沉默是不難瞭解的。他們避禍都來不及呢。武則天繼續實行她的計劃，繼續和瘋和尚調情。她自信沒有人敢批評她的一舉一動。

不過，有一天，這件風流韻事變成轟動各方的醜聞。武后的家醜外揚了。事情的經過如下：有一個年輕人名叫郝象賢，是樞密相郝處俊的兒子，劊子手周興告他謀反，將他定了罪。他堅稱無辜，向另一位判官任玄殖請願。任玄殖替他說話，結果被革職。年輕人被判了死罪。在解往法場途中，他不肯乖乖受死，反而怒氣沖沖抓起路人的一根長竿，掙脫束縛，猛追著衛士，然後當著千萬人罵起街來。他告訴大家，臨死前他要說幾句話，一吐胸中悶氣；軍官、衛士和民眾都興致勃勃，於是他道出方丈的整段下流故事，他是誰，出身如何，他對太后的吸引力何在，香艷刺激，觀眾聽得入迷。大家當然早就聽過了，但是他們百聽不厭。他不但提到太后，還提到她的女兒太平公主和義女千金公主。馮小寶為什麼改姓薛？因為太平公主的丈夫詔認他做叔叔……母親是蕩婦，女兒也是蕩婦……。

爲什麼沒有人阻止他說下去，原因不難瞭解。也許衛兵隊長最愛聽呢。郝象賢說完，大家才想起他是就死的囚犯，他終於被處死了。

太后沒想到居然有人這麼大膽。當然啦，只有五分鐘性命的人什麼事情都做得出來。她在百姓跟前丟盡了顏面，氣得下令把郝象賢的屍體分解，祖先的墳墓也挖開來焚屍，家眷都判死刑。她下令說，以後解赴法場的犯人都要用木塊塞住嘴巴，絕對不能再出這種事情。

舉國顫慄，武則天卻享盡榮華，和方丈過著愉快的日子。她建立新宮，準備宣布改朝換代。她遵從方丈的建議，開始修建明堂；它是有史以來最大的宮殿。而且，在王權和宗教的狂熱下，她要讓新宮帶有宗教的性質，於是指派方丈負責修建。明堂的建築隱含著瘋和尙想出的政治計謀。築成之後，不叫明堂，改稱「萬象神宮」，同時要兼作太后朝覲臣子的朝堂，於是人神合一了。明堂後面又建了一座大廟，名叫「天堂」。修建明堂終於導致最高的政治危機。「萬象神宮」和「天堂」的花費多得不可勝數。（**順便一提，「禁浮巧」正是武后的十二項改革之一。**）薛懷義徵用了好幾萬人，巨大的木材從山上一路運到宮裏，每一塊各由一千個民伕慢慢拖著走。

老宮殿的前廳乾元殿拆掉了，大廟就設在那塊空地上。那是三層樓的建築，寬三十丈，高二十九丈四。呈方形，四面各漆成白、黑、紅、綠四色，象徵四個元素。太囂張了。二樓呈十二邊形，象徵十二個月和十二天宮圖，突出的圓形屋頂由九條龍柱支撐著。頂樓呈二十四邊形，代表二十四星座。屋頂是圓的，頂上立著一座十尺高的鐵鳳凰，飾釘用金子做成，外面也鍍了金片。一支大柱子由地面高聳到頂端，一切樑桁、扶壁和飛簷都用最好的硬木做成。大廈底部有一條鐵溝圍繞著，其中的流水象徵「教化流行」，令人想起周朝的「辟雍」。其實它流走的是國家的財源。薛方丈的想像力相當豐富。他的奇想可以比美武則天。

「天堂」立在「萬象神宮」後面，地勢較高，略微偏西。三樓可以俯瞰「萬象神宮」。「天堂」設了一座石膏大佛，裏面填滿麻紗。立姿高達二十五丈。小指可以站十個大男人。太后喜歡壯觀的玩意兒。方丈私下十分壯觀，「天堂」的這座大佛則是公開的壯麗輝煌。她一向追求至高、至大、豪華、不可抗拒、空前未有的東西。

換句話說，武則天變成了佛教徒。和尚迷人，佛教也迷人。宮殿前廳通常不許民眾出入，現在變成一座廟宇。她坐在「萬象神宮」內，大佛坐在「天堂」裏，方丈則和兩者溝通。這兩座大廟象徵靈性的傳奇，香艷，華麗、可怕，神人合一，虔誠和荒淫合一，性愛和宗教合一。「萬象神宮」不過是武則天炫麗的紫色閨房罷了。她的權力達到高峰，享盡人間一切幸福，連天堂也搬到宮裏，正爲權力和榮華而如醉如癡。

和尚簡直樂昏了。他穿著紫綢袈裟，高高在上，自以爲達到了人間仙境，高官大臣拜倒膝下，國庫財源全憑他支領。廟成之後，他被封爲梁國公。有何不可呢？女人憑容貌可以受封爲

「×國夫人」，假如皇帝是女子，男人也可以憑一身腰力受封爲公爵。正月十五上元節，他常常載了十車的絲帛，到「萬象神宮」的廣場上散給男女民眾。他在開「無遮大會」，這是佛教的說法，因爲男女、貧富、貴賤的劃分完全拋掉了。

他突然起了一個怪念頭：他要讓佛陀升天。這是絕佳的表演。他把大廟的地板挖到五丈深，底下藏著各種菩薩，都粧以黃金和絲綢。訊號一發，佛陀不斷往上升，在千根蠟燭映照下，全體觀眾都佩服極了。

武則天和薛方丈都喜歡龐然大物。他叫人在一段二十丈高的大布上畫了一個佛頭，鼻子和船隻不相上下。佛像是牛血繪成的，但是他要民眾相信，他是由膝部取鮮血繪成的（有時候佛教信徒會用這種方法繪一尊小「血佛」來獻祭）。狂風吹來，大布刮得破破爛爛，但是他不死心，又畫了一幅。

這一切虛僞的行動實在叫人想不通，何況那麼多的鮮血連十隻牛膝都流不出來，但是武則天和她的情人都以爲大家相信他們。武則天和薛方丈真是天生的一對，他們不但瘋狂信仰佛教，而且想像力都很豐富，雙雙沉迷在幻想中。

現在薛方丈忙著創造一個傳說：武則天是彌勒佛轉世，武則天也高高興興同意了。他們選彌勒佛，倒和神學無關。彌勒佛是未來之佛，阿彌陀佛往日之佛。他們何不選觀音或釋迦牟尼呢？有一個原因存在。因爲一般人心目中的彌勒佛是「笑菩薩」，輕輕鬆鬆坐著，肥胖，肉感，以袒露的大腹而知名，正是塵世滿足的象徵。方丈常常和武則天對坐，一定突然看到了宇宙色空的真相。他見過武則天袒露的大肚子，在肉慾和宗教的狂喜中，武則天化成笑菩薩，人佛合一。當然他是屈膝瞻仰彌勒佛的腹部，而彌勒佛正開懷大笑呢。她必是佛陀轉世，那麼一定是彌勒佛。現在薛懷義找了十個和尚編纂一本新的佛經，杜撰一個神話說：彌勒佛對人類無限慈悲，決定在人世間投胎，轉世爲武則天。後來女皇鄭重下詔發表這部經典。

武則天爲自誇自炫的美夢而如醉如癡，便往前跨了一大步。她接受方丈和姪兒武承嗣的建議，採用了一個大膽的頭銜，以配合周遭的情勢。垂拱四年（西元六八八年）五月——她暫時忘記了謙遜——自稱爲「聖母神皇」。她選擇兩性通用的「皇」字，故意曖昧其辭；她不甘屈居爲「皇后」，當「皇帝」才是她的本心，等人民習慣了這一套，她馬上就要自立爲皇帝了。「聖母」表示「萬象神宮」裏端坐的神明，如今意義深重。

武則天有不羈的想像力。薛方丈是男性氣概和宗教狂想的化身，她在此人身上找到了新的力量泉源。方丈粗俗的肌力和武后的色情貪念互相滋補。武后很快樂，還不只是快樂而已——她簡直精神煥發。

於是發生了難以置信的場面。如果武則天要選一個動物當寵兒，她一定會選大鯨魚。

32

修建明堂，終於逼得諸王起兵造反。篡位的證據日益明顯，武則天打算建立新的武氏王朝，毀滅大唐宗室。現在武則天是菩薩，是神祇，但是她一心要和古代扯上關係。傳說她計劃把新朝代稱做周朝，也就是孔子立身的黃金時代。她建立明堂——明堂是古周朝前幾位皇帝的朝堂——可見她一心一意要和古周朝攀上關係。

武則天漸漸講求正統。這位命運女神凡事都做最佳的選擇。她自稱爲佛陀再世，可謂異想天開，如今她挖掘歷史，也同樣大膽而富有創意。武則天和周朝連一點關係都沒有，但是，周朝的開國皇帝是武王，這是死後的謚號，與姓氏無關；其實周朝宗室從母族姓姬。但是武則天覺得這樣就夠了，政變之後，她真的把周武王的神位供在祖廟裏，視爲她的「四十代祖先」，鄭重祭祀！她的歷史成績不行，戲劇感卻是一流的。有辦法，她會奉孔子爲祖先呢。

修築明堂，加上那些說法，真是一大危險訊號。這是新朝代的排演嘛。武則天建這座宮殿，表示她的朝代就像黃金時代再度來臨，因爲兩朝的宮殿名稱相同。學者已經提出五經中的預言了。書經有一篇歌頌武王的成就，篇名就叫〈武成〉！

現在只缺少上蒼的吉兆了，每一朝代的開國新主出現，總是少不了這一招。那是上帝的心聲，表示改朝純屬天意，非人力所能挽回；而且有吉兆才能取信於民。一顆明星，一道曙光，天命新主的房頂上有一道龍形的白煙，都可以視為吉兆。一年前，也就是垂拱三年（西元六八七年）七月，有一位農夫上奏說，他的母雞變成公雞了。永昌元年（西元六八九年）正月和十月，別的地方又有農民分別奏報這種奇事。陰陽顛倒，確實帶有預告性質。武則天不想宣傳這件事。她自以為能找到更佳的吉兆。上蒼的吉兆由武承嗣負責，而佛陀轉世奇譚《大雲經》則由薛方丈編寫。

武承嗣叫人假造了一塊古碑，上刻「聖母臨人，永昌帝業」八個字。字體用紫石、膠液和粉末混合漆成，然後把石碑丟到洛水中，後來被一位農夫意外撈起來。誰都猜得到是祖母、武承嗣、太平公主和薛方丈仔細安排的。農夫進宮奏報他的新發現，武后裝出又驚又喜的樣子。那位農夫遂封為「游擊將軍」。

不過，我們發現太后從來不懷疑「聖母」一辭是不是指她自己，古預言是不是正要實現。她充分利用那個「吉兆」。我說過，她下個月就自稱為「聖母神皇」，那年十二月，年號改為「永昌」，以符合古碑的預言。

她接著宣布，她要到南郊祭拜天地，以示感激，同時把洛水封為「永昌洛水」，洛水水神立爲「顯聖侯」，那塊碑文叫做「天授聖圖」，找到石碑的地方叫做「聖圖泉」。那個地方不准漁獵，嵩山改名「神嶽」，山神晉封爲「天中王」。爲了慶祝這個大場面，她大赦天下。武則天佈下了一道騙局，她自己彷彿受騙者，當時的讀書人都不放在心上，她卻硬要人民相信真有其事。這一招粗陋而虛僞，和她自稱是周武王的後代一樣不能取信於人，但是武則天認爲百姓需要傳聞、奇蹟和神兆供他們信仰。

這一切宗教的啞劇、政治的宣傳、奇妙的設計和誇大的妄想，都在七月左右對外吹噓。根據一份朝廷告示，太后要舉行一項大典，親自到聖圖泉去接受上帝要她臨朝的啓示。儀式盛大，諸王、大臣、將領和命婦在典禮十天前就要進京集合。

這一切徵兆都代表一個即將來臨的政治危機，唐室諸王知道天降吉兆和一切浮誇宣傳的意思。看樣子，武后自立新朝是免不了的，而且眼看就要採取行動。傳說「革命」將起，諸王集合正是一個死亡陷阱。皇上和諸王一到京師，馬上會遭到圍殺或囚禁。朝廷附近的傳說更嚴重，大家都深信不疑。

諸王和他們在京師的朋友以書信互通消息。傳聞是不是真的？他們該不該出席大典？有幾位身在京都的王侯不知道該作何感想，該信誰的話。徵兆很明顯。有一件不祥的大事快要發生了，但是誰也不知道實情。紀王聽到謠言，根本不放在心上。虢王之子李融寫信問他的朋友高子貢，高氏回信說：「來必死！」

此刻六、七位長一輩的王爺——也就是太宗的兄弟——還活著。其中最受人敬愛的是太尉韓王元嘉，太師魯王靈夔——兩個人是一母所生，彼此感情很好。其次還有司徒霍王元軌，是高宗的伯父。很多人佩服他的人品，他還是著名的弓術家，可以用箭射死一群野豬，沒有一隻逃得掉。學識又很淵博，他擔任地方官期間，一切例行公事都交給秘書代辦，自己一心研究學問。他討厭浮誇，生活簡樸，爲人深刻寡言，高宗生前常向他討教。對於國家大事，高宗總是暗中寫信徵求他的意見。

高宗的兄弟（太宗諸子）以紀王和越王最有名，他們年約六十歲，文采冠諸王。他們都位至三公或三師，但是光宅元年（西元六八四年）裴炎死後，他們都被調離京師，在外地做官，元軌在山東，元嘉和靈夔在河南……大家分散各地。諸王要怎麼辦才好呢？

說不定——而且十分合理——「死亡陷阱」的傳說是祖母和她的姪兒故意散發的，目的要激諸王倉促起事，就像獄卒有時候故意讓囚犯逃走，好從背後射殺他。諸王要靠什麼方法自衛呢？應該謹言慎行，不因激將法而倉促起兵？難道他們該乖乖聚集京師，像豬玀一樣被人趕殺嗎？還是任由大劊子手周興羞辱和用刑？男子漢大丈夫戰死不是比監牢中關死來得好些？

相關的王侯如下：

太宗諸兄弟
- 霍王元軌　子江都王緒
- 韓王元嘉　子黃國公譔
- 魯王靈夔　子范陽郡王靄
- 虢王鳳（歿）　子東莞郡公融

太宗姐妹
- 常樂公主　夫趙瓌

高宗兄弟
- 越王貞　子瑯琊王沖
- 紀王慎　五子

元嘉派人送信給諸王說，「神皇欲於大饗之際，使人告密，盡收宗室，誅之無遺。」不如先起事，否則李氏就要滅種了。

黃國公譔如今在通州任職，暗中寫信給堂兄弟瑯琊王沖，瑯琊王的任所離京師很近。信件內容如下：

「內人病浸重，當速療之。若至今冬，恐成痼疾。」

諸王散居各省（大多在河北、河南和山東），合作不易，何況全國又有間諜組織存在。不過時機緊迫，他們不得不馬上下定決心；就算自保，也得採取行動。

祖母終於把他們嚇慌了。她希望這些人匆忙起事，她袖中藏著利刃呢；因爲她是代子臨朝，她保衛唐室，就算殺盡大唐諸王，也是情非得已。如果他們按兵不動，她可以利用密探製造事端，然後將他們一網打盡。周興手下的肅政台隨時準備出動。她絕對輸不了。

33

垂拱四年（西元六八八年）八月，諸王起義，名為「越王貞之亂」，其實是他的兒子李沖（瑯琊王）和姪兒李譔（黃國公）發動的。李譔捏造了一封信，假稱是王子哲寫的，要諸王救他脫離房州的牢獄，李沖立刻採取行動。他送信給諸王，要大家起兵攻打京城。他立刻先由山東發難。

準備不足，合作不佳，計劃不周全。他不是武將，叛亂七天就敉平了，他自己也被手下軍官殺死。失敗的消息傳到各地，諸王都嚇得癱軟了，誰也沒有採取行動。只有常樂公主和她的夫婿起兵響應。我們記得，常樂公主的愛女就是王子哲的妻室，武后把公主調離京師，接著將趙妃活活餓死。她對丈夫說，「唐室諸王若是男子漢，早就該想辦法了。」李沖之父越王貞決定隨兒子孤注一擲，反正不管怎麼樣，他都會因兒子的作為而獲罪。但是他手下只有兵馬兩千，防區又離京師不遠，政府派了張光輔率領十萬大軍來反攻，寡不敵眾，他遂自殺而死。

如今太后對他們就像探囊取物。諸王公開謀反，無論他們有沒有參加叛變，她只要叫走狗周興將他們一一網羅入罪、滅門抄家就行了。表面上的罪證倒不少，因爲越王寫給堂兄弟的信都落入武氏手中。憑周興這些年百試不爽的逼供技巧，她知道自己不難找到許多證人，分門別類，王公和他們親屬近交一個也逃不掉。

現在清算和審訊開始了。照正常的法律程序，大概有五、六名參與叛變的王侯要判罪處刑。但是迫害的陰影——因爲這不是正規的審問，而是迫害——瀰漫整個大唐宗室，諸王的妻子、兒女、孫子女和友人無一倖免。由事件的發展看來，諸王被迫造反只是武后剷除唐室的口實，和懲罰罪犯完全無關，說來簡直難以置信。周興照武后的命令行事，手上握有生殺大權，只要說某某人和被告相識，就可以判定他共謀造反，於是一個人合法審訊，馬上有十幾家遭到滅門之禍。清算再清算，一波連一波。死刑變成遊街，儘量弄得公開而盛大，因爲死刑的目標就是製造恐怖氣氛，她再也不躲在宮中秘密殺人，找些不完全的藉口了！

垂拱四年（西元六八八年）到天授二年（西元六九一年），審訊和逮捕連綿不斷，名目愈來愈多，最後大部分的宗室和重要的王公可以說完全殺光了。我們看家譜就知道，有五家（霍王、韓王、舒王、徐王、越王）滅門絕種，此外，魯王、紀王和許王只剩下幾名孫兒。年紀小的子女和孫輩流放到南方，有些沒籍爲奴，有些躲躲藏藏過日子，都冠上「虺」姓。

祖母的面具撕下來了，她的目標是毀滅丈夫的家族。唐室就像她對太宗自誇能馴服的倔馬，如今她拔出短劍，眼睛一眨也不眨，斷然舉劍刺入夫家的心臟，以前她一直假裝敬愛大唐呢。

愁雲慘霧籠罩全國。這是太宗後代最失意的日子，武后對諸王毫不留情，也不想手下留情。當日的情況簡直難以想像，親眼目睹的人都不相信會有這種事情。大官人頭落地；士大夫套著鎖鍊，被人趕過市街；真三公關在囚籠裏一路發配遠方；諸王的眷屬——包括婦女、嬰兒和僕人——都步行千里到遙遠的南部蠻荒去充軍。我看到兩個親兄弟被人鞭死，面孔血肉模糊。我怎麼能僥倖逃生，連自己都搞不清楚。

大陰謀家武承嗣親自指揮她姑母授意的殺人、定罪和流放措施。

諸王起事不久，也就是垂拱四年（西元六八八年）九月到十二月第一陣迫害的風潮開始了。司徒霍王元軌年屆七十，還被關在囚車裏發配黔州（今貴州和四川交界處），不到一星期就在途中的寶雞去世。她的兒子江都王緒在市街公開處死。太尉韓王元嘉和太師魯王靈夔都奉命在家自縊，元嘉的三個兒子都處死。這時候朝廷才發現元嘉藏書超過一萬卷，很多藏書價值遠超過御書房，都由他仔細加註。

高宗之弟紀王慎人如其名，處事慎重，治理地方曾一再收到百姓的頌辭，他從未參加謀反，事實上還避之唯恐不及。他的罪名也是「知反不告」，因為他承認知道越王寫信的事情。他被關在囚車裏，經過半個月的日曬雨淋，終於死在發配途中，年約六十歲左右，五個兒子全部被殺。司空元名活著到達發配的地點；因中途未病歿，半年後又改判死刑，終於被殺了。

武后摘食大唐禁果並不是隨便亂來的，她摘得很徹底，政府的組織以三公和三師為首，可以說是皇帝的長輩和良師，他們都被幹掉了。唐室德高望重的領袖完全絕跡，現在只要對付小人物就成了。大唐李家的人已經不存在，要消滅唐朝豈不是輕而易舉的小事嗎？

34

「天授聖圖」的迎接大典因爲諸王之亂而耽擱了一段時間。叛變一平，唐室長一輩的王公都被處死或流放，武后就在「聖圖泉」舉行大典。這是一朝最隆重的場面。武則天身穿皇袍，頭戴十二串珍珠的冠冕。禮成之後，「天授聖圖」放在一座神龕裏，帶回去供在萬象神宮內。永昌元年（西元六八九年）元旦，「聖母」武則天高坐在萬象神宮中，接受朝臣的道賀。

我曾瞻仰覲見儀式，王子旦的妻子劉妃和竇妃就站在我身邊，當時她們還活著。祖母高坐在龍椅上，手持一塊王笏，她前面擺著彌勒佛的七件寶器。除了下巴的皺紋——近看才知道——她顯得容光煥發，精神勃勃，一臉的福相，快樂又滿足，像一隻眼鏡蛇剛剛吞下一隻兔子，如今盤起來睡得安詳又舒適。旁邊有一座神龕，裏面供著那塊「天授聖圖」，碑文如下：「聖母臨人，永昌帝業」。眼前就是有血有肉的「聖母」真神哩。

這個場面確實很特殊，很迷人。今年的元旦與衆不同，萬象神宮佈置得美侖美奐，金光閃閃，一切都是嶄新的。方丈的成績很不錯，要使這座宮殿成爲最豪華的建築，是不能省錢的，如今薛方丈位居梁國公，穿著亮晶晶的紫袍逛來逛去；王子旦則公開露面一次，因爲他要在典禮中擔任亞獻。祖母的眼睛常常瞇成一條縫，如今高官大臣跪在她腳下，恭賀聖母臨朝，她的雙眼不覺現出閃亮而幸福的光輝。百官都知道，祖母也知道他們心裏明白：她手上握著每一個人的生殺大權，更重要的是，他們的飯碗操在她手裏。

現在次一級的唐室王公繼續遭到迫害和流放。武后的用意不是剷除叛臣和奸人，而是連根拔掉唐室的枝葉，加強恐怖氣氛，最後才宣布推翻唐朝。

屠殺的浪潮一波導致另一波，形跡並不明顯。第二陣風潮發生在永昌元年（西元六八九年）三月到四月，共有十二位王公處死。幾百戶人家徒步充軍兩千里。情勢愈來愈緊張，第三陣風潮又來了。武承嗣升爲門下侍中，在武三思的協助和慫恿下，王公大臣一一人頭落地。七月裏他殺了三十六位王公、大臣和將軍，這次包括不少著名的學者和文士。武則天不但專制，而且很多疑，她手下的密探到處調查誰言行不讚許他們，或者不合作，不可靠，不信服「聖母」。這種人還不少呢，在一連串的清算和審問中，她殺了九位將軍、三位中書令、一位中書侍郎、四位門下侍中、兩位門下侍郎、兩名僕射和六位尚書（看謀殺表之三）。

作證的人自相矛盾。光宅元年（西元六八四年）李敬業兵敗後，他的一位弟弟逃到北方，想奔往突厥。兩位洛州的官吏曾幫他逃走。他弟弟後來被抓到了，那兩位朋友也遭到逮捕。這兩名小官一個叫弓嗣業，一個叫張嗣明，他們根本沒有資格也沒有機會認識諸王或大官，更不可能知道他們在京師的作爲。光宅元年的謀反案和現在的諸王之亂一點關係都沒有。政府給張嗣明一份名單，張嗣明爲了自保，竟在判官事先準備的陰謀及連坐口供上簽名作證，以後武氏只要照單濫殺唐室子孫就成了。

永昌元年（西元六八九年）下半年和天授元年（西元六九〇年）上半年，政府一次又一次屠殺諸王。等第四次風暴來臨，唐室已經沒剩下多少人了，於是目標轉向大臣和將軍。天授元年（西元六九〇年）七月，也就是新朝代開始前兩個月，天天都有人處死，簡直叫人手足無措，他們只是要確定上蒼把命符交給武則天的時候，沒有人敢表示反對，合法和組織化的大屠殺速度愈來愈快。武則天希望大家相信，天下沒有唐室可救，天授的「聖母」已經起而實現古代的預言。她知道再過兩個月，一定有幾千人要求她推翻唐朝，她打算謙讓，但是接著會有幾萬人再度要求，而且一定要她建立新的周朝。這時候她覺得恭敬不如從命，才勉強答應自立爲「皇帝」。

我們忍不住要問，她何必屠殺三千多戶人家呢？此事完全必要，絕對免不了，理由只有一個。道理很明顯，只因爲唐室的一個兒媳婦當上了皇后還不滿意，當上了太后還不滿意，代子專橫治事還不滿意，她要當歷史上的第一位女皇帝呢！

只有王子哲和王子旦保住了性命，她不想殺他們，如今他們囚居兩地，就像賭徒的最後兩個銅板，永遠放在口袋中。但是，他們都感激武后的大恩，賜他們姓「武」。

武則天一向不喜歡高宗的兒子素節和上金，他們早就遭到監禁，如今後母的長手臂悠哉悠哉伸向他們，輕輕鬆鬆就解決了。素節和他的九個兒子，上金和他的七個兒子全部被殺，只留下年齡最小的幾個；我最要好的堂兄郢國公李謬就是其中之一，他被送往海南島，僥倖生還。當時是天授元年（西元六九〇年）七月，新王朝眼看就要建立了。

清算鬥爭在天授二年（西元六九一年）結束，最可怕的事件卻發生在長壽二年（西元六九三年）。來俊臣的部下萬國俊奉命到廣州調查死刑犯遺孤對朝廷不滿的傳說。他把這些人召到府衙裏，要他們上吊自殺。大家哭做一團，愁雲慘霧密佈在公堂上。萬國俊說，「好吧，那你們跟我來。」他率領三百個婦孺到河邊，一一殺死。於是他返京報告說，廣州確實有人謀叛，對朝廷不滿，幸虧他及時壓平了。萬國俊立刻升為「大夫」。

別人看到萬國俊升官，也奏報其他發配的地點可能有怨言存在，結果，好幾位御林軍官受封為監察御史，派到四川、貴州、廣西各省和雲南邊界。可怕的事件一再重演。他們爭相表現自己對朝廷的忠心，劉光業殺了七百名左右，另外三位密使各殺了兩百到五百名。

列出一張謀殺表，就夠叫人噁心了。我們可以說，這些兇殺和誤審事件錯不在周興黨徒，因為這一切根本是武后陰謀的重要成分。

為了一個色情狂的女超人要實現她的野心，下面有一張男女冤魂的名冊。我們要記得，表上列出一個人名，往往有十幾名眷屬遭到流放，遠赴海南島或南海一帶的蠻荒地帶去充軍。而且三品以下被殺的官員並沒有列在名冊上。武則天可以說是歷史上的大兇手之一。①

在陣陣喧擾中，也就是長壽元年（西元六九二年）四月，武后竟下詔禁止屠豬！因爲她受了方丈的影響，已經變成虔誠的佛教徒了。

①武則天大殺武將和文官，似乎可以和另一位東方暴君史達林相比。他們利用法理的技術也大致相同。不過，武則天屠段的人數比不上史達林，所以她不是歷史上最大的殺人魔王。大概史達林名列第一，毛澤東第二，成吉思汗第三，武則天第四，張獻宗第五。系統化的比較一定饒富趣味。不過，只有前兩名所殺的人數超過百萬大關。——林語堂。

※謀殺表之一

（武后的近親家族）

號碼	時間	姓名	關係	手段	家人：汙名
1	高宗永徽六年冬（西元六五五年）	新生嬰兒	女兒	勒死	
2		王皇后	女主人	殘殺	流放：改姓「蟒」
3		蕭淑妃	情敵	殘殺	流放：改姓「梟」
4	永徽六年（西元六五五年）	韓國夫人	姊	毒死	改姓「蝮」
5	乾封元年（西元六六六年）八月	魏國夫人	外甥女	毒死	改姓「蝮」
6	上元二年（西元六七五年）	太子李弘	子	毒死	
7	武后光宅元年（西元六八四年）三月	太子李賢	子	判罪	二子杖死

8	高宗麟德元年（西元六六四年）十二月	廢太子李忠	高宗子	判罪	以庶人之禮下葬
9	武后天授元年（西元六九〇年）七月	王子上金	高宗子	判罪	七子死；幼子存，改姓「虺」。
10		王子素節	高宗子	判罪	九子死；幼子存，改姓「虺」。
11	高宗儀鳳元年（西元六七六年）	裴妃	兒媳（太子弘之妻）	抑鬱而終	
12	上元二年（西元六七五年）四月	趙妃	兒媳（王子哲之妻）	餓死	
13	武后長壽二年（西元六九三年）正月		兒媳（王子旦之妻）	秘密殺害	
14		竇妃	兒媳（王子旦之妻）	秘密殺害	
15	高宗顯慶元年	武元慶	異母兄弟	判罪	改姓「蝮」
16		武元爽	異母兄弟	判罪	改姓「蝮」

17	乾封二年（西元六六六年）八月	武惟良	堂兄弟	誣陷處死	改姓「蝮」
18		武懷運	堂兄弟	誣陷處死	改姓「蝮」
19		王子重潤	孫	杖死	參照四十二節
20	武后大足元年（西元七〇一年）九月	永泰公主	孫女	杖死	參照四十二節
21		武延基	內侄孫（永泰公主之夫）	判罪	
22	高宗弘道元年（西元六八三年）	武攸暨之妻	內姪媳婦	謀殺	參照四十一節
23	武后垂拱四年（西元六八八年）九月	常樂公主	高宗姑母	判罪	

※謀殺表之二

（唐室諸王）（都改姓虺）

號碼	時間	頭銜	姓名	關係	家人存歿
1	武后垂拱四年（西元六八八年）八月	瑯琊王	李沖	越王貞之子	滅門
2		韓王	李元嘉	太宗兄弟	滅門
3		魯王	李靈夔	太宗兄弟	三孫存
4		越王	李貞	高宗兄弟	滅門
5	同年九月	上黨郡公	李諶	韓王元嘉之子	滅門
6		黃國公	李譔	韓王元嘉之子	滅門
7		武陵王	李誼	韓王元嘉之子	滅門
8		范陽公	李藹	魯王靈夔主子	三子存

9	同年九月	東莞郡公	李融	虢王之子	一子存
8		常山王	李倩	越王貞之弟	滅門
9	同年十二月	霍王	李元軌	太宗兄弟	滅門
10		江都王	李緒	霍王元軌之子	一子存
13	永昌元年（西元六八九年）四月	零陵郡王	李俊	曹王之子	滅門
14		黎國公	李傑	曹王之子	一子存
15		汝南郡王	李瑋	蔣王惲之子	一子存
16		鄱陽王	李諲	道王元慶之子	一子存
17		廣漢郡公	李謐	道王元慶之子	一姪存
18		汶山郡公	李蓁	徐康王元禮之子	滅門
19		廣都郡王	李璹	蜀王愔之子	滅門
20		蜀王	李璠	蜀王愔之子	滅門

21	同年七月	紀王	李慎	高宗兄弟	孫存
22	同年九月	（無王銜）	李厥	恒山郡王承乾之子	一人存
23	同年十月	鄭王	李璥	鄭王元懿之子	二子存
24-29		薛國公及五兄弟	李修琦	滕王元嬰之子	滅門
30	同年十二月	義陽王	李琮	紀王慎之子	二子存
31		楚國公	李叡	紀王慎之子	滅門
32		襄陽郡公	李秀	紀王慎之子	滅門
33		梁王	李獻	紀王慎之子	滅門
34		建平郡公	李欽	紀王慎之子	滅門
35	天授元年（西元六九〇年）七月	舒王	李元名	太宗兄弟	滅門

36	天授元年（西元六九〇年）七月	豫章王	李亶	舒王元名之子	一子存
37		南安王	李穎	密王元曉之子	一子存
38	同年八月	鄅國公	李昭	舒王元名之子	滅門
39-50		十二位	李直等	宗室遠親	

※謀殺表之三

（大臣及武將）

號碼	時間	姓名	官職	註
1	高宗顯慶三年（西元六五八年）十一月	褚遂良	尚書右僕射	與二子流放而死
2	顯慶四年（西元六五九年）七月	韓瑗	門下侍中	流放而死
3	顯慶五年（西元六六〇年）四月	長孫無忌	太尉兼太子太保	諸子及兄弟流放
4	麟德元年（西元六六四年）十二月	上官儀	中書侍郎	子處死抓兒女沒籍爲奴
5	武后光宅元年（西元六八四年）十月	裴炎	中書令	兄弟流放
6		程務挺	將軍	突厥剋星
7		王芳翼	將軍	王皇后之親族

8	垂拱三年（西元六八七年）四月	劉禕之	中書侍郎	王子旦之師
9	垂拱四年（西元六八八年）十二月	騫味道	內史	
8	永昌元年（西元六八九年）四月	鄧玄挺	天官（吏部）侍郎	
10	同年八月	張光輔	中書令	垂拱四年平亂功臣
12	同年九月	魏玄同	門下侍中	
13		崔詧	夏官（兵部）侍郎	
14	同年十月	黑齒常之	將軍	
15		趙懷節	將軍	
16		李光誼	將軍	
17	天授元年（西元六九〇年）正月	韋方質	門下侍中	正月流放，十月去世。

18	同年二月	王本立	地官（戶部）尚書	
19	同年五月	范履冰	春官（禮部）尚書	
20		李孝逸	將軍	光宅元年平亂功臣
21	同年八月	張楚金	秋官（刑部）尚書	
22		阿思那惠	將軍	胡人
23		張行廉	尚書右丞	
24		婁居道	太子少保	婁妃之父
25	同年十月	宗秦客	內史	助新朝成立
26	同年十一月	史務滋	門下侍中	
27		丘神勣	將軍	垂拱四年平亂功臣
28	天授二年（西元六九一年）八月	張虔勖	將軍	

29	同年九月	傳游藝	門下侍郎	助新朝成立
30	同年十月	歐陽通	門下侍中	
31		岑長倩	尚書僕射	
32		樂思晦	門下侍郎	
33		格輔元	地官（戶部）尚書	
34		李安靜	將軍	
35		泉獻誠	將軍	
36	神功元年（西元六九七年）正月	李昭德	中書令	

35

載初元年（西元六九〇年）是最不吉祥的年份。過去十二個月以來，殺戮之風達到高潮，我們由上面的謀殺表可以看出一二。唐室諸王全部死光了。人民的心理正準備接受無可避免的事實。曆法改了，遵照周曆由十一月開始，以後不稱「年」，而照周曆改稱「載」。那個月，大誅唐室諸王卻不知道自己末日的周興向武后建議：皇家後裔都應該削去貴族名銜，武后馬上就答應了。

正月到八月，政治風暴愈演愈烈，恐怖達到最高點，改朝換代的一刻終於來臨了。五月和八月，朝廷殺了不少高官和大將，讓大家明白武后的心意不容違拗。對夫家發動最後一擊的時刻已經成熟，武后用不著再假作忠心了，她只需要在一紙詔命中蓋章，宣布大唐的命運。武則天、武承嗣、太平公主和薛方丈早就仔細訂好了計劃。

「革命」一定在九月舉行。《大雲經》則在前一兩個月發表。經文說十名僧侶曾獲得特殊的啓示，彌勒佛已轉世為武則天。朝廷下詔，這本經書要分送到全國各廟宇。過了四個月，長安和洛陽分別建了一座大雲寺，以珍藏這部新起的佛經。和尚要講述經書的內容。提筆的九位馬屁僧人都被封爲小公爵，特准穿紫袈裟，佩銀龜袋。武則天等於公開承認她自己接受這個說法。誰知道呢？她前世也可能是菩薩嘛。

如今萬事皆備。九月三日，有一個代表團以長安市民傅游藝爲首，代表九百個人民，特地到皇宮門口求見太后。他們請太后順從民意，廢除原有的朝代，改立周朝，「皇嗣」王子旦也姓「武」。

武則天態度誠懇，大大方方微笑著。她深受感動。但是她不敢確定民心是不是如此。她客客氣氣拒絕，把請願書擱在一邊；但是傅游藝卻受封爲門下省的一名小主管。

當然啦，她推也推不掉。過了不久，六萬民眾——包括和尚、商人、百官、王侯，異族領袖——都圍在皇宮外，齊聲要求改換朝代。這些人在武承嗣的率領下，由一個特選的代表團進宮去見武后。他們帶了一張六萬人簽名的卷軸。咦，一定是武承嗣搞的，居然背著她收集簽名單，根本沒告訴過她，她感動極了。她簡直不相信，各行各業有六萬人參加，那麼這是人民的心聲囉。彷彿要錦上添花似的，王子旦也寫了一封信，要武后賜他姓「武」。面對四海歸心的場面，她實在不好意思推辭了，如果這是全國的心聲和熱潮，她答應考慮考慮。

這時候，有人傳說——九月五日「萬眾神宮」的屋頂上百雀齊鳴。但是更重要的，平常只有聖人降生才出現的鳳凰，竟飛到皇宮西面的御花園，然後往西南方飛去。有幾個人看到了，接著有一百個人看到；最後百官都說他們親眼看到了。只有白癡才會說他沒看到。

武則天不能也不願拂逆全國和上蒼的意思。她虛懷若谷，九月七日終於在請願書上簽了一個「可」字。

九月九日詔告天下。從此唐朝就滅亡了，新的國號是「周」，年號改為「天授」。武后在皇宮的前門樓上宣讀聖旨，大赦天下。（大赦令頒布之前，酷吏來俊臣總是先將要犯處決，武后曾大大誇獎他考慮周到。）

九月十二日，按照已定的升級程序，她大膽自稱為「聖神皇帝」。這比「聖母神皇」又進了一步。她的野心終於實現了。她是女皇，不只是皇后而已。在神階上，「聖神」也比「聖母」進了一步。王子旦的「李」姓早已變成污痕，於是也在那一天恩准姓「武」。

九月十三日，唐室諸王完全削去了貴族頭銜，武承嗣、武三思和其他十二位武氏親族都晉封為王，他們的姐妹和堂姐妹也變成公主和郡主。那一天，在洛陽的武氏宗廟正式落成，祖先的牌位由長安的祠堂遷往洛陽，安置在廟裏。光宅元年（西元六八四年），她的五代祖先都追封為「王」，如今連七代祖先都升為「皇帝」和「皇后」，照先皇的禮儀來祭祖。唐室宗祠原先叫「太廟」，如今降為「享德廟」，七座祠堂中封了四座，只有最近的三代能享受一年四季的供品。

改朝換代的手續終於完成了，一切可能謀反的叛逆都趕盡殺絕，最大的反賊卻成功了。武則天一定恣意狂笑過！

但是她狂歡慶祝的時候，有一個偉大的人物狄仁傑卻靜靜觀望著。這位著名的青天判官如今已成爲通俗小說中的人物，他曾削弱了武則天的成果和野心，復興唐朝。此刻，他正以戶部侍郎的身分參加典禮。他用一雙利眼來打量情勢。知道時機尚未成熟，因爲他爲人冷靜，堪與武后比美。他從不對人吐露心中的想法，只有一兩位知交例外。

第四卷

36

人間的事情似乎有一道不移的定律：混亂必回歸寧靜，反常必回歸正常，萬事就像星辰和月亮一樣，總要恢復平衡。我們幾乎可以說，一道隱藏的機械律轉動著命運的輪子，使奸邪獲罪，正義伸張。我要讚美太宗的英靈暗暗帶來新的轉變，但是我更要把一切歸功於更偉大的上蒼，他不移的法規就是陰陽平衡，以調節宇宙的運轉和人間的事物。正如一位詩人的說法，暴風雨不會永遠存在的，不靠外力，瘟疫自行消失，獨裁政治也有燈盡火熄的一天。

我說這句話，不是賣弄哲學，而是要記錄一段可驚的事實：天授元年（西元八九〇年）以後，風水漸漸倒轉了；周興等人一一送命，而且毀在自己的機關巧妙中，好人卻奇蹟般逃過了一死。冥冥之中必有天理存在。

我倒不是說，皇叔元軌和元嘉等人沒有遭到殘酷的命運。好人死了一大半，但是也有不少好人留下來，注定要復興唐代。如今一連串事件發生了，每一件都很重要，結果　批傑出的人才漸漸掌權，造成一種時勢，最後終於擊敗了武后的目標，使她無功而退。武承嗣和來俊臣的陰謀並未撤銷，卻常常遭到狄仁傑、魏元忠、徐有功等人的阻撓。是他們控制了大局，而非來俊臣、索元禮和周興等人。

大臣的士氣堅強而統一，勇氣又恢復了。一個御史中丞寧冒殺頭的危險，也不服從武后派他出京的命令；一個普普通通的御史寧願丟官去職，也不肯遵照太后的懿旨誤判良民，武后和情夫恣意享受，終於使百官團結起來，準備復興唐室。

權力腐蝕人心，武則天也不例外。武則天縱情聲色，私養聲名狼藉的張氏兄弟，等於再一次證明：她雖然自以為是強人，是超人，卻免不了被肉身所控制。她的荒淫正是毀滅的主因。一切都顯得很自然，武則天的野心實現了，自然要輕鬆一下，放縱自己，而她手下的密探也自然會互相猜忌，自相殘殺，來俊臣和武承嗣等卑鄙的政客最後也意見分歧，走上毀滅之路。

當時就像冬至，是一年中白晝最短的日子，「陰」極達到高峰，但是從那一天開始，位處最低潮的「陽」極開始上漲，白晝漸漸加長。從今以後，我們看到狄仁傑一天天擢升高位，變成思想的軸心，他奇蹟般逃過了一死，王子旦也奇蹟般保住了性命；我們看到瘋和尙薛懷義精彩的結局，武承嗣野心受挫，王子旦復位，酷吏來俊臣更精彩的下場，最後狂風吹到「控鶴府」，吹垮了武后的男妾，武則天終於囚居而死。

我們不能否認，武則天是一個了不起的女人。她除了迷戀權勢，以自我為中心外，頭腦非常清楚，個性伶俐而堅強。說也可惜，她最近十年已經寬厚多了，卻仍然把持著政事的方向，她不再殺人，並且召回原先罷官、降職和流放的好官。雖然武承嗣陰謀奪權，來俊臣濫用奸計，她卻事事都由自己作主。她如果不動腦筋篡位，可以算是一個絕佳的統治者，遠勝過許多皇帝。新王朝一建立，大家馬上看出：她用索元禮、來俊臣和周興等酷吏來造成恐怖氣氛，以達到纂唐的目的，心中對自己的所作所爲完全清楚；但是目標達到後，她就把這些酷吏拋到一邊，召回當年她親手放逐、內心卻佩服他們勇氣和才幹的良臣，一一升上高位。她這件事做得從容、熟練、泰然自若，我們不得不佩服她，卻也忘不了她的殘忍行徑。

除了武氏諸姪，幾乎沒有一個幫她革命而封官的政客活過一年以上，例如傅游藝曾率領市民請求武則天改朝換代，官職一季一季擢升，革命一年後，卻因貪汙不法而被殺。現在處死的人，以酷吏周興的死訊最爲大快人心。

大迫害風潮的三大走狗中，索元禮已經死了。他被控勒索，發交審判，如今情勢倒過來，索元禮發現自己不再逼人招供，而是被迫招供，用的又是自己最喜歡的狠招。他不肯認罪，以前和他私交不錯的御史說：「好吧，我叫人拿一頂你發明的鐵帽來。」索元禮一想到頭殼夾緊，說不定會破碎，以「逼出口供」來，不禁嚇壞了，他立刻承認有罪，終於死在監獄裏。

周興的死法和他類似，情節卻更加精彩。事情的經過常被人提起，所以「請君入甕」一辭已變成諺語了。盜匪頭子就要另一個盜匪頭子來剿殺。如今來俊臣野心勃勃，忌妒周興的權勢，叫人秘密寫信到肅政台，彈劾他牽連丘神勣的死罪案。來俊臣暗地晉見武后，取得一張審判周興的秘旨，周興遂落入來俊臣手中。

兩位故交對坐小飲，周興根本不知道他被人控告。王朝一成立，他就擢升爲文昌（尚書）右丞，算是他立下大功的酬賞。

「我遇到一個棘手的案件，」來俊臣說，「不管我用什麼辦法，硬是不能讓犯人招供，他十分固執，我不知道該怎麼辦才好。」

周興精神勃勃說：「別說你沒有辦法，我勸你把犯人放在一個大甕裏，四周燒起火來。我打賭他還沒有烤焦，就會大哭求饒，你要他招什麼他就招什麼。」

來俊臣的眼睛一亮。「咦，真是好主意，犯人就在屋裏，我們試一試吧。」

他叫人抬一個大甕進來，四周升起烈火。

「你覺得夠燙了吧？」來俊臣問道，「如果夠燙，我們就把犯人叫進來。」

「我想夠燙了。」

來俊臣臉色突然一變，他由袖子裏抽出一份武后簽名審問周興的秘旨。「現在請君入甕吧。」

周興滿臉發白，全身縮成一團。他跪地磕頭，請來俊臣開恩，於是供狀簽好，轉報武后。太后（如今正式稱「皇帝」）認爲他可以將功贖罪，沒有殺他，只把他流放到南部。半路上，他碰到冤死鬼的親戚，終於上了西天。

周興一死，當年盛極一時的文盲判官組織終於崩潰了。只有來俊臣還苟全性命。他在武承嗣手下惹事生非，但是武承嗣的手法比起武后激起的暴風雨，不過是一絲小漣漪罷了。

來俊臣在武承嗣的卵翼下，如今變成大家最畏懼的邪魔。武后不需要再用劊子手，武承嗣卻用得著。他是武后生父的長孫，自以爲武氏王朝理當由他繼任；他奔忙、活躍，卻不夠圓滑，霸氣十足，到處被人瞧不起。他靠來俊臣幫助，曾誅連幾個反對他的大臣，將他們一一殺害。最後，他的目標指向當代的偉人狄仁傑，特地叫來俊臣將他整掉。

37

如今狄仁傑倖免一死，得掌大權，唐朝的命數完全繫在他身上。他是百姓之友，一向支持人民，對抗高官大將，但是大迫害期間，他卻設法保住了性命。因爲狄仁傑頭腦冷靜，知道什麼時候該說話，什麼時候不該說話。他像好律師，總是慣選發言的時機和攻擊的重點，而且只堅持必贏的立論，他從來沒有輸過。

當然武則天的做法不對，當然他忠於唐朝，不贊成這一招，目前他先閉起嘴巴，看武氏諸侄得意洋洋，像年輕的暴發戶似的。他和武則天一樣，知道他需要耐性、計劃和時機。他知道要復興唐室、毀滅新王朝，必須有一群勇敢能幹的人官居要職，還要創造另一種政治氣氛和堅強的官場士氣。這位不平凡的人物和武則天一樣善於知人，和她一樣冷靜有耐心、智慧和遠見，武氏成功就憑這一點。武則天遇到狄仁傑，可以說是棋逢敵手。他的任務艱鉅異常，簡直像倒轉天體一樣，面對武則天這麼狡猾、聰明、無情的暴君，復興大唐可不是一件簡單的工作。

他並不孤獨，他知道張柬之等人也有同樣的想法。幾年前高宗剛死，諸王遭到囚禁，張柬之在長江畔的荊州擔任刺史。張柬之和好友楊元琰碰面了。夜黑風高，他們乘小船到江心，那邊可以暢談一番，不怕人聽見。兩個人談到唐室諸王囚居的陰謀，不禁怒火中燒。於是兩個人對著殘月發誓，一旦有機會，他們一定要趕走下賤的篡賊，把王位交給太宗的子孫，這將是他們一生最偉大的工作。接著政治情況一直惡化，恐怖政治像一陣寒風，人人爲之色變，唐室終於被冷風吹垮了，篡位的女賊——一名唐室的兒媳婦——高居龍座上。他們不得不保持緘默，心裏卻忘不了當年秘密的誓言。

狄仁傑現年六十多歲，二十年前，高宗在位的時候，他已經擔任大理丞。歷史上，狄仁傑應該算是青天大法官呢，還是算唐朝的復興功臣，一直未有定論。在百姓口中，他是出名的判官，常常微服查案，總是偵破其他判官和府縣所查不出的疑案，紀錄十分驚人。有人說他清查過一萬七千件舊案，開釋了不少無辜的良民；這也許有些誇張，但是他的天賦和名聲卻不容置疑。據說他從來沒有誤判過一個清白的人，卻救過不少無辜的性命，更難得的是，他常常查出正犯，抓進大牢裏。他幫助過許多良民，救過許多性命，所以每離開一個地方，當地居民都立碑爲記，於是他的名字變成通俗的傳奇了。

他討厭佛教，討厭富有的僧侶只重形式，不求宗教的根本。他理智的頭腦憎恨一切迷信，他擔任「江南道巡撫大使」，曾下令關閉一千七百所邪魔妖道的寺院。

他先後做過寧州（在甘肅境內）刺史、冬官（即工部）侍郎和尙書左僕射，一生的事業起起伏伏，也擔任過不少府縣的地方官。諸王之亂後，他奉命到起兵的地點（汝南）去查案，當時他位居尙書左僕射。大牢裏關了六、七百人，以「共犯」身分等候判決。他深深瞭解他們，大多數人民都是被迫在叛軍中服役的。他不肯照軍事將領的要求，判他們死罪，而且，他猛烈斥責軍事將領殺害降兵，想虛報戰果。

「城壕裏滿是降卒的屍臭，我手上若有王笏，我就先殺了你，再向上報告。難道你想逼全民造反嗎？」

那位將領向武后報告狄仁傑的粗魯言行，狄仁傑就被貶爲小官。

現在武后又把狄仁傑召回京師擔任要職。有一天武則天問他，「你在汝南獲罪，你知道是誰誣告你嗎？」

「不，」狄仁傑答道，「請陛下不要告訴我，我不想知道。我若有罪，樂意受罰；若是無罪，只有陛下明白，我就心滿意足了。誣告我的，一定是我的友人。」

這就是狄仁傑的幽默感，對人性充分瞭解的幽默。太后忍不住佩服這個人。

狄仁傑被任命爲地官（戶部）侍郎，兼「同中書門下平章事」，可參與政府最高的會議。武承嗣的權力達到高峰，如今志得意滿。有五、六個大臣阻撓他立爲皇嗣的野心，剛剛才被他殺掉（看謀殺表之三第三十一至三十二項），狄仁傑剛好踏入危險的境地。升上這麼重要的官位就像爬到扶梯頂端，再跨一步就會跌倒在地，非陣亡不可。

天授三年（西元六九二年，九月改為長壽）正月，武承嗣下令逮捕狄仁傑和四、五位大官，冠以謀反之罪。

狄仁傑是著名的探案高手，他必須運用機智，戰勝人見人恨、人見人怕的肅政台領袖來俊臣。來俊臣認識他，也聽過他的盛名，正想看看這位著名的法官如何處理自己的案件。狄仁傑的作法與眾不同，他立刻認罪，因爲他最懂法律；有一項條款規定：誰要是坦白認罪，不但可以免去酷刑，而且可以逃過死罪。

「大人，我認罪，大周奉天承運，新朝開始了，我是唐室忠僕，情願一死。」

來俊臣喜出望外，其他大臣都學狄仁傑，只有倔強的魏元忠不肯認罪。來俊臣心情好極了，沒有下令用刑，被告都押回監獄。

於是狄仁傑爭取到緩衝的時間，他必須運用一切計謀來自救。他修書給兒子，要他向武后求情，容他面見武后。他把信暗藏在棉袍中，並說動一名獄卒派人轉送回家，他兒子收到棉袍，覺得冷天送棉衣回家，實在很奇怪。他懷疑裏面夾有密函，遂將裏襯剪開，終於找到那封信。他立刻將信呈交到武后手中。

說來也真幸運，一個九歲的小孩居然救了狄仁傑一命。他是門下侍郎樂思晦（見謀殺表之三第三十二項）的兒子，樂思晦三個月前剛剛被處死。小傢伙沒籍爲奴，發交工部處置，他聽明伶俐，所以送入宮中當差。太后看這個小孩一臉聰明相，就召來問明他的身分，小孩一一回答，同時說他有事相告。

「孩子，你還有什麼話要說？你父親是正式審判定罪的，所以才判了死刑。」

「不，」小孩說，「人人都怕來俊臣的苦刑，他要誰招，誰就會招，先父是無辜的。」

「哦？」

「陛下若不相信，」小傢伙說，「選一個您最信任的人，交給來俊臣審問，來俊臣一定可以叫他招供。」

太后不禁動容了，狄仁傑的密函交到她手裏，她感應力大大增強，眼睛也睜得雪亮。她一向佩服狄仁傑，對他敬愛有加，她傳令召見來俊臣。

「你在幹什麼？」武后問道，「聽說你大肆折磨囚犯，狄仁傑、魏元忠等人的案情如何？」

「請陛下恕罪，」來俊臣說，「犯人自願招認，他們在牢裏過得很舒服，我還讓他們穿官袍戴官帽呢。」

「他們都招了？」

「只有魏元忠不招。」

「他們都是賢臣，再問一遍，要公平審理。」

武后不相信來俊臣的話，特地派一名官吏去探訪肅政台監牢。官吏宣告探監，來俊臣立刻抓起狄仁傑的官帽官袍，叫一個身材差不多的人穿上身，不讓狄仁傑和宮廷官吏交談。來俊臣自己也出來，面西而立，站在那位替身人物的旁邊。那名特史面向東邊，太陽光直射入眼睛裏。他被來俊臣的名聲嚇壞了，根本不敢直盯著他們。他回去報告說，狄仁傑身體很好，顯然受到絕佳的禮遇。

來俊臣覺得有些不對勁，匆匆叫人寫好這些犯人告別武后的謝死表，讓武后相信他們都自願受死，事情很快就過去了。

太后心存疑慮，她立刻照狄仁傑的意思召見罪臣。他們來了，跪地呼冤。

「你們無罪，爲什麼要招供呢？」

狄仁傑說，「陛下，我們如果不認罪，早被酷刑逼死，今天也不會見到陛下了。」

「那你們爲什麼要寫謝死表呢？」

「我沒有寫，」狄仁傑吃驚地說。其他的人也不承認寫過這麼一封信，她拿出信件來核對筆跡，顯然都是假造的。

他們應該無罪開釋，但是武承嗣一口咬定他們要謀反。就算不謀反，這些人還是具有危險性，應該除掉才行。

「他們沒犯罪，」太后說。那是天授三年（長壽元年，西元六九二年），她漸漸有了安全感。

武承嗣還想堅持他的看法。

「住口，」祖母說，「我話已出口，絕不收回。」

從此武后和她的姪兒之間就有了裂痕。她的目標達到了，武承嗣卻不然。結果這批大臣都保住了性命，但是卻調往外地當刺史縣令，武承嗣也算奸計得逞了。按照常理，來俊臣當受重罰，但是他還在武承嗣羽翼之下，這次暫時保住了原職。

狄仁傑逃過一死，不但是他自己的福氣，也使朝廷不再審問及迫害大臣。他的案件是最後一樁，武后對來俊臣的信心大大動搖，另一方面，她現在也沒有必要施行恐怖政策了。六月和七月，許多大臣（嚴善思、朱敬則、徐倫，尤其是周矩）一連送上好幾封奏表，以不同的方式建議恢復正常的法律程序，重新審查判官的記錄，並撤換失職的人員。死刑案應該像太宗當年一樣，得向最高權威上訴更審，八品大理丞不得先斬後奏；政治上也該施行較人道、較文明的措施，以爭取百姓的愛戴。

大家都說，被殺的人大多數是冤枉的。天授三年（西元六九二年）七月，周矩寫了一封著名的彈劾文。詳細描寫十種可怕的刑具（見廿九節），並駁斥全國充滿反賊的說法。

同時受審得救的人，有一位在這段故事裏也相當重要，他就是一生多彩多姿的魏元忠，我上面曾經提到過他。他為人誠懇、正直，倔得像騾子，他不認罪，卻因為狄仁傑的策略而倖免一死。他飽受民眾愛戴，一生波折重重，曾多次升官和貶官，等大家開始和武后的情夫挑戰，他又變成風暴中的海燕了。武則天被囚之後，他升爲中書令，執掌國政，大家都爲他喝彩。

多彩多姿的魏元忠四度瀕臨死刑和流放的命運，卻都僥倖逃出魔掌。此人一生似乎有聖母保佑。有一次，他到最後一分鐘才接到特赦令，還有一次，他以智謀懾服了列官。

朝廷迫害期間，魏元忠被判死刑，已經五花大綁，和四、五位高官一起跪在法場上，突然有人傳話說，宮中的一位特使帶來武后的特赦狀，死刑遂停止了。別人都很興奮，魏元忠卻不動聲色。特使亮出武后的詔命，犯人立刻鬆綁。有些人站起來，魏元忠仍然跪在地上。他說，「先唸聖旨吧，我還沒聽見呢！」來人讀過聖旨，魏元忠才從從容容站起來，深深吸了一口氣，臉上卻一無表情。

還有一次，他落入不識字的糕餅小販侯思止手中，侯思止現在榮任侍御史，案件由他審理。魏元忠的頭部和肩膀夾在刑具中，身子被人挑著走。他覺得這種情況很有趣——大學者魏元忠居然由一個糕餅小販來審問！他作勢要說話，侯氏以爲他要招供了。

「你有什麼話要說？」判官說。

「只有一句話，我覺得像驢子一樣被人拖著走，實在很不幸。」

侯氏怒火中燒，罵出幾句下流的粗話。

「你不該說這種話。」

「你這句話是什麼意思？」

「你說話土音很重，而且用這種字眼！你沒讀過書。現在你當上御史，應該學會御史的言行，如果你每天花一點時間來讀書，就不難辦到。我可以幫你的忙，你不知道自己多幸運，能和魏元忠交談。」

文盲判官十分感動，他像一般農夫，一向敬重讀書人，他也知道犯人就是魏元忠，他立刻上前鬆綁，端一張椅子給魏元忠坐，魏元忠開始糾正他的發音，他居然無罪開釋了。

就是這些人注定要復興光輝的唐朝。狄仁傑冷靜與智慧，魏元忠不移的力量，徐有功的廉潔，宋璟的勇氣和張柬之的領導，才能聯合構成了一股道德力量，終於戰勝武則天的奸才。

38

武承嗣審判狄仁傑，想靠來俊臣的幫助，毀滅和他作對的人，奸計被狄仁傑攻垮，結果來俊臣在武后眼中完全失去了信用。狄仁傑揭發來俊臣的無恥行動，也可以說是樂思晦的九歲幼子揭發的。但是武承嗣還不死心，這次他和來俊臣都做得太過分了。

坐立不安、野心勃勃的武承嗣發現他受到冷落。他的姑姑當上「皇帝」，他的貢獻可不小。他自己呢？這難道不是武氏王朝，他難道不是第一個繼承人？不錯，武氏諸姪都當上了大官——武攸寧、武懿宗、武三思等人都是一樣。有些當上京畿要地的將軍，有些是樞密相，他們的實權還大於官階和職稱呢。

皇嗣的問題懸擱了兩三年，祖母遲遲不做決定。武承嗣知道他人緣不好，他曾處死不少大官（樂思晦、岑長倩等等），大家都在太后面前反對他。他用盡一切方法，要武后立他爲太子，但是，王子旦現在是公開的「皇嗣」，至於「皇嗣」是什麼意思，那又另當別論了。只要王子旦的地位不變，他就沒有把握當皇帝。想起來真令人寒心！不論由哪一方面看來，王位都應該由他繼承。否則又何必建立武氏王朝呢？他說動來俊臣替他工作。來俊臣自己也頗有野心，希望武承嗣繼位以後他能變成政治的領袖。武則天不可能長生不死呀。

長壽二年（西元六九三年），他們先破壞王子旦的信譽，然後想毀滅他。首先，有兩名小官私會王子旦，被處死刑。當時我們還囚居在東宮，有人私會王子旦，就表示王子旦有復位的陰謀。他們大肆宣傳這件事，要讓武后對王子旦失去信心，於是將斐匪躬和另外一名官吏施以「腰斬」的極刑。

迫害網愈收愈緊。接著，武承嗣的注意力轉向我的嬸嬸竇妃和劉妃。祖母的寵婢團兒受了武承嗣的誘騙，有一天向祖母告狀說：這兩位妃子常常發牢騷，曾經咒祖母早死，事隔不久，嬸嬸們陪祖母上嘉獻殿。祖母回來，她們卻失蹤了。從此沒有回宮，到處找不到她們的行跡，她們已暗遭謀害，並毀屍滅跡了。那兩名官吏公開處決，接著又出這種事，王子旦驚駭交加，他知道武承嗣要對他下手了。

家宴席上，祖母看了他好幾眼。說也奇怪，祖母那天居然請他吃飯，可能要試探他敢不敢像當年的太子弘提出抗議或者出言不遜。但是，他扮演一個乖兒子的角色，靜靜吃飯，一語不發。當然也沒有找屍體下葬。其中一位受害人竇妃，就是當今聖上（明皇）的母親，唐明皇當年才六、七歲呢。日後兒子登基，想要追封親娘，四處尋找她的遺體和父親合葬，結果找不到，劉妃的也不見蹤影，他只好將皇后的鳳袍和徽章放在空棺材裏安葬，以代表他的母親。

這些事情都發生在一兩個月內，只是序曲，要讓王子旦顯出陰謀復位的形跡。現在來俊臣和武承嗣來到東宮，背著祖母私審宮僕。他們的目標是叫傭人指證王子旦和處死的官吏勾結謀反。他們說些什麼？傭人沒聽到王子旦的談話嗎？斐匪躬不是說要在宮中發動政變，王子旦不是同意了嗎？那兩位王妃不是和他們共同低語嗎？這一切都發生在東苑內，武承嗣自以爲統治全宮，我們都是犯人，他愛怎麼處置就怎麼處置。

他們亮出刑具，開始鞭打宮僕。有些宮女的鼻子被灌了酸醋——這是來俊臣最愛用的審問方法。這一切居然發生在中宮西側祖母寢宮相距只有一百五十碼或兩百碼的地方。啊！對了，竇妃和劉妃在幹什麼？她們沒有參加密談？大家該知道，不說實話與反賊同罪。兩位妃子失蹤，要提出對她們不利的證辭實在很方便。死人不會說話，但是你可以大談死人，這是《羅織經》中高度發揮的傑出理論。

宮僕、宮女和宦官都嚇破了膽，準備照來俊臣的意思提出指證。

現在另一件奇蹟發生了，這時候，不在我們宮裏當差卻被抓來問話的安金藏突然大叫說：

「你們不能這麼做！這全是謊言，謊言！皇嗣是無辜的。」

安金藏冷不防抓起一把刀，敞開腹部，一刀割下去，並拉出腸子。這是自殺抗議的一種方式，接著他就暈倒在血泊中。

武承嗣面孔發白。這件事帶來意外的轉機，刑訊自動停止，全廳亂做一團。宮女尖聲喊叫，有些人嚇得逃走。

有一位宮僕跑去告訴武后，她立刻趕過來，根本不知道宮裏出了什麼事。武承嗣畢恭畢敬站起來，顯得很不好意思。她一邊痛罵姪兒，一邊打量地上奄奄一息的男子。她很少靠近血腥的場面，看起來真嚇人。她盤問宮女怎麼回事，武承嗣和來俊臣連忙開溜。御醫來了，她叫御醫爲安金藏包紮傷口，全力搶救他的性命。幸虧他還沒有斷氣，御醫奉命隨時照顧他，等他恢復知覺。大傷口用桑皮線縫好紮好，再敷上消炎的土灰，就把安金藏抬到床上休息。

祖母似乎非常感動，第二天早晨，她垂詢此人的病情，安金藏睡了一整夜，因爲震驚和失血，還顯得很衰弱。幸虧他沒有發燒，雖然處在半昏迷狀態，卻有活命的希望。

祖母聽說安金藏能開口說一兩句話了，下午又過來看他。

「謝謝你，安金藏，謝謝你，」祖母說，「我居然不瞭解自己的兒子，而你居然要冒死來救他。」

安金藏得到最高的禮遇，他一直住在宮裏，等傷口痊癒才出宮。臨行，祖母送他一大堆禮物，王子旦亦然。

這件插曲在祖母心中留下強烈的印象，她此生第一次感到懊悔，一連幾天不和武承嗣說話。武承嗣常常做這種蠢事，祖母相當不滿。祖母現在相信：她的兒子沒有什麼陰謀。她覺得來俊臣居然把他誣陷的狠招搬到皇宮裏來，未免太無恥太大膽了。

來俊臣和武承嗣做得太過分，這回，來俊臣第一次被削除御史中丞的職位，貶調外省。這件意外使來俊臣漸漸失寵，也大大影響了祖母對她姪兒的態度。她的政治計劃、個人情感和家庭關係互相衝突。她對王子哲和王子旦的母愛還沒有生根發芽，她不肯召回王子哲，就是一大證據；但是她內心深處有一粒火花，也許要等狄仁傑來點燃吧。

39

武則天假造了一些神話，說她是佛陀轉世，又捏造了一些古典佳言，說她是周朝的後裔，終於實現了多年的野心。她採用周曆，又修建明堂，都是吸引民心的宣傳策略。完全像嘉年華會的金箔彩球，愉快、熱鬧、不真實，卻很討人喜歡，很能製造氣氛。她涉身佛教的傳奇，造成一些壯觀輝煌的結果，最後卻以大火結束。在騙人的世界中，武氏的寵兒瘋和尚薛懷義就像一名小丑，最後竟變成皇后手中最花錢的丑角。

瘋和尚飽享榮華，心生幻想，確實樂瘋了。因為他的毛病武后也有，結果便十分壯觀。天授元年，她叫宗秦客創造十二個新字來代替「天」、「地」、「皇帝」、「臣民」……等等，自己也取了一個新鑄的「曌」字當名號，充分顯出心理上的失策。「曌」的字義等於「照」，上為「明」，下為「空」，以光明照耀宇宙。這是她對自己的想法。說來真不幸，世界上沒有一個女人會宣傳她底下的「空」處。幸虧她不知道茶樓酒館的下流笑話。說到誰來填補那個大空缺，和尚的光頭照例變成最好的笑料。

但是，祖母被宗教幻想迷住了，一心相信她和薛方丈可以攜手達到某一境地。我們不要忘記，薛方丈曾建造「萬象神宮」和「天堂」。他還負責編纂《大雲經》的神話，杜撰出武后是彌勒佛轉世的奇譚。聽來很輕鬆有趣，沒有人對這種說法認真，也沒有人提出疑問。現在她熱心贊助佛教，因爲她自己就是佛陀之一嘛。

天授二年（西元六九一年）三月，她下令一切公開遊行中，佛教僧侶和尼姑應該排在道士和道姑前面。次年四月，她下詔佛教徒不准殺豬，而不久之後，她的手下卻在河邊屠殺了三百名婦孺。

薛方丈、武承嗣和她的女兒太平公主如今聯合起來，要加強武后爲佛陀轉世的說法。他們給她上了不少佛教的名銜。武承嗣經常帶頭請願，有一次曾找了二萬六千人聯名給武后加封號，大抵是佛教用語，首先她是「聖母神皇」；新朝成立後改稱「聖神皇帝」；長壽二年（西元六九三年）九月改稱「金輪聖神皇帝」，在萬象神宮大肆慶祝；然後，延載元年（西元六九四）五月，加封「越古金輪聖神皇帝」；同年十一月又改稱「慈氏越古金輪聖神皇帝」，她就喜歡這一套。

薛方丈忠於她的時候，武后的宗教狂熱持久不衰，但是薛方丈已經對她心生厭倦。不管她怎麼化妝，她終是七十二歲的老婦人。彌勒佛的肚子不再像以前那麼發人深省了。現在薛方丈有錢有勢，整天待在宮外的白馬寺，自有他的娛樂方法。祖母曾召見他好幾次，他都藉口推辭，她非常生氣，其實薛方丈想逼武后縱容他爲所欲爲。此人的意圖不太明顯，他將幾百名壯漢剃度爲僧，其中有不少是他同行的拳師打手，全住在白馬寺的豪華宅區內。

祖母無力攔阻他，在這個世界上，她就只怕這個人。同時，她又有了一位新情夫，這次是御醫沈南璆。薛方丈聽到這個消息，怒火中燒，他對武后更加傲慢，每次來看她都敷衍了事，她再也激不起他的興致了。他瞭解她，比誰都瞭解，他把武后當棄婦，實在太猖狂。但是說起他也不算瘋，他知道太后乖張的行徑，要他不張揚，就得容他事事如願。

太后沒有辦法，只好派他領兵攻打突厥，封他爲「新平道行軍大總管」，讓他遠離京師。這回薛方丈的權力超過文武百官。說來也是他幸運，他到前線，突厥正好因內部分裂而收兵，於是薛方丈立了一座告捷碑，就得意洋洋回到京師裏。

新年到了，由年初一熱鬧到上元節。男男女女照例要往廟裏擠，萬象神宮對外開放，地面插了無數燭光。薛方丈向武后報告他北征的戰果，說他要大肆慶祝一番。他全心希望太后酬賞他，升官也好，其他的恩賞也好。但是太后客客氣氣對他，卻沒有什麼表示。

瘋和尚逕自慶功。二十丈高的大佛像懸在宮門外，上元節到了，舉國歡騰。廟外聚了一大堆人，薛方丈照例向廣場的民眾拋擲銀兩。

薛懷義滿以爲太后會像往年一樣，出來看熱鬧。他甚至爲她準備了一個特殊的節目，要她以佛陀的姿態出現。他告訴大家武后會來，同時等她露面。他在武后跟前仍然是大寵兒。等了又等，她居然沒有露面。原來她在陪新愛人沈大夫！他怒不可遏。真想好好報復一下。

那天晚上，他氣瘋了，自尊心又受到傷害，竟放火燒「天堂」，想當年花了好幾百萬才蓋成的，高達二十五丈的大佛以麻紗做填料，外塗石膏，馬上劈劈啪啪燒起來，像一堆大祝火，整棟房屋都化成火焰、濃煙和火花。大火被凜冽的寒風一吹，波及萬象神宮，不久，萬象神宮也燒起來了，天津橋亮得像白晝。高高的大火非常壯觀，歡騰的民眾由遠處觀賞大火，高達三、四十丈。火花四濺，點燃了寒風中扯裂的布佛像。觀眾大喊，「大佛的鼻子燒掉囉，」火光一點一點吞噬大佛的鼻子，大家都覺得很好玩。油漆和牛血的味道挾著燒毀屋廈的氣味，有幾點火星居然飛到北市場，全城都看得見高空中熊熊的火焰。

第二天早上，大柱子和硬木框還零零落落冒著黑煙，劈劈啪啪著起火來。頂上鍍金的鐵鳳凰沒有燒毀，焦黑、扭曲、斜立在那兒，角度顯得怪怪的。

這是著名的「上元大火」。武后變心，這是薛懷義要給她的教訓。在他的病態狂想中，巨大的猛火就像一個紅色的邪魔，看起來大概也很漂亮，很過癮吧。

武后會不會懲罰他呢？薛方丈知道她不敢這麼做。她覺得羞愧、難爲情，一想就知道是誰幹的。她對群臣解釋說，是幾個工人不小心，一捆麻紗引燃的。她下令重建「明堂」（「萬象神宮」的本名），還是由薛方丈負責修建。當然她覺得羞辱，不過她不想得罪薛方丈，她知道這個人言行並不謹慎，如果他決定張揚，他可以散佈一大堆不堪入耳的醜事。

武則天自恨交上這個粗漢、流氓和騙子。瘋和尚若交給國法制裁，她實在受不了，那樣太可笑了。她不敢想像公審瘋和尚的情景，到那個時候什麼怪事都會發生的，大家會一心一意聆聽那些猥褻的詳情，點點滴滴傳遍各地。不知道審問期間會鬧出什麼事出來，她馬上變成笑話的題材，和當年郝象賢上法場的情形一樣（見三十一節）。但是薛方丈知道的遠超過郝象賢；故事若傳出去，她會變成歷史上最嚴重的性變態人物。若要薛方丈應訊，當然不能塞住他的嘴巴，乾淨俐落的謀殺就簡單多了。

但是，御史周矩提出彈劾說，薛方丈行跡可疑，在白馬寺聚集了一千多名拳師、打手和無業遊民，打扮成和尚。他奏請武后將薛方丈交給法庭處理，太后儘量減輕事態。

「其實沒有必要。」武后深思熟慮說，同時面有愁色。

「我相信薛方丈有不軌之心，我有不少問題要向他討教，」御史堅持說。

武后想了一會說，「好吧，你先回去。我立刻叫他到你的衙門去。」

周矩回府，不相信她會照辦。過了一會，薛方丈真的來了，使他大吃一驚。瘋和尚在門口繫好馬匹，大搖大擺進入侍御史衙門。他一屁股坐在長椅上，蹺起腳來大笑不已。

周矩提出質詢。突然瘋和尚猛站起來，出門上馬而去。周矩向武后報告瘋和尚荒唐的行跡。其實，說不定是武后授意薛方丈裝瘋賣傻的。

「這個和尚瘋了，」她對周矩說，「犯不著偵查他，你可以起訴白馬寺其他的犯人，我准你全權處置。」

周矩只好接受了。他審問其他的和尚，一一將他們發配充軍。太平公主知道一切情況，如今跑來面見母親，她和母親一樣審慎，深怕醜聞牽累到她。她也是性變態，十六歲的時候常常打扮成男孩子。

「何必讓這個禿驢在京師撒野呢？」她對母親說，「一定要處置他，不能這樣下去。」

太后苦笑了一下。「這件事不簡單，我要怎麼辦呢？」

「交給我吧，」太平公主說，「我來處置他。簡直難以忍受嘛。」

太后明白了，「好吧，不過要小心。」

公主傳話給薛方丈說，太后召見他，要垂詢新明堂的計劃。她選出二十幾個強壯的女僕，分別帶了繩索、竹桿和掃帚，吩咐她們怎麼做。到了約定的時間，她帶女僕前往瑤光殿，薛方丈去見武后，一定會經過那兒；同時，她指示表兄弟武攸寧帶一隊精壯的宮廷衛兵，躲起來待機行事。

她率領女僕在走廊台上等瘋和尚，薛懷義通常都騎馬進宮，帶著自己的僕從。廟裏的和尚剛剛出來，他又接到公主的通知，心裏十分猶豫，不過他想起太后親自救他脫險，又叫御史放過他，於是他小心翼翼由北門進宮，四處張望。門口和寢宮隔著一座大花園，他繞過池塘，由迴廊走近寢宮後側。看看四方，只看到普通的宮女，太平公主站在廊台上笑臉相迎。他下馬，將馬兒繫在大樹下，突然一群女僕蜂湧而上，向他拋繩索，把他牢牢綁住，像網底的魚兒似的，接著掃帚和竹桿劈頭就打。薛方丈大喊大叫，但是他的隨從早就逃光了。衛士也衝出埋伏的地點，當場制服他。公主下令將瘋和尙處死，屍體送回白馬寺安葬。

這件事做得乾淨俐落，武后大大褒獎太平公主。看起來女兒和她真是一模一樣。「天堂」燒毀才一個月，薛懷義的插曲就結束了，武后的佛教歷險也隨之中斷。她對方丈變心，似乎連佛教也不要了。方丈死後十三天，她宣布去除「慈氏」和「越古」等名銜。她的心境就像一個著了魔突然清醒的人物。對於佛教式的年號「證聖」，她也生出了厭膩之心。

有了儒士愛人沈大夫，她變成儒家信徒。九月，她改元「天冊萬歲」，次年正月又改爲「萬歲登封」。九月再改爲「萬歲通天」。「天」是儒家對「天神」的稱呼。新明堂落成以後，也取名「通天宮」。

40

一場愚昧而熱鬧的好戲落幕了。武則天的私生活還是不值得恭維，但是她的政風卻柔和多了。文盲判官和無情殺手的黨派已經瓦解，恐怖也不再盛行，僅存的來俊臣如今失寵在外。自從他們設計誣害王子旦，武則天對她的姪兒武承嗣非常反感。她一看到這個人，就忍不住要生氣。武承嗣人緣極差，言行粗魯，喜歡惹事卻又不夠精明，拍馬屁又缺乏手腕，正是武氏王朝美夢成空最明顯的徵兆，她漸漸轉而重視另一位姪兒武三思。

她年屆七十三歲，身心都很健康，開始將她暗中佩服，如令卻屈居外省的賢臣召回京師——例如正直的御史徐有功啦，誠懇直率的魏元忠啦，精明能幹的狄仁傑啦，他們都是六十多歲的元老重臣。她早就知道誰是能幹正直的好人，但是她遵行自己預立的政策，只好將他們貶官。如今她對政局有把握，打算將他們召回朝廷。

說真的，她要不是野心過大，真可變成偉大的皇后。她信任索元禮和來俊臣等人，顯出暴君和愚人的風貌，那是因爲她需要這一類的走狗；她對自己的言行非常清楚，假若魔鬼能助她達成目標，她會不惜與鬼魅爲伍。她和瘋和尚調情，因爲她覺得那是女皇帝的特權。她不想改過，打算繼續犯罪，她是女皇后和女浪子，她還要許多桃色糾紛，比瘋和尚的韻事更精彩。長命百歲，喝酒、吃飯、宴客，當女皇，和武家子弟及她的情夫們儘量玩樂——這就是她要的生活。至於國政嘛，她考慮起來一點都不費事，她已經治理那麼久了，她要把國政交給正直的賢臣，統治良善、正直、道德甚佳的老百姓。此外還有什麼事呢？

徐有功回來了，擔任御史中丞。他是正直的判官，敢於和武后爭論，不肯判定王子旦他岳母的罪狀，竇妃被武后秘密弄死，徐有功認爲母親爲亡兒祈禱，不該判罪。多彩多姿的魏元忠也回來了，像一棵歷經風雨的老橡樹，實際上，他已經遭遇過三次暴風雨，他也奉派爲御史中丞。

「你怎麼老是惹上麻煩呢？」武后問他。

「我是麋鹿，」魏元忠開玩笑說，「來俊臣和周興等人想抓我來煮鹿肉湯呢。」

狄仁傑現在是幽州（今北平）刺史，他和農民密切連絡，鼓舞民心，終於趕走契丹的侵略。聖曆元年（西元六九八年）他被召回京師，擔任武后的幫手，領導百官。看來黑夜已盡，黎明終於來了。當然啦，武則天特別注意最能幹最賢明的人物，讓他領導政府。武則天確實有眼光，但卻沒想到提升狄仁傑等於給自己過不去。她忘記當年審判中狄仁傑曾經說過，「我是唐室忠臣，情願一死。」

狄仁傑現在拖著一道光輝的彩霞，像彗星吸引較弱的流光，武則天對他非常信任。這位青天大老爺留著一副長長的鬍鬚和稀疏的髫子。他的聲音很好聽，天生又有辯才，總是把握恰當的要點，說得很堅決，很鋒利，像一名好律師。他推薦的人才，武后都一一接受了；他在朝廷中聚集了二、三十位賢臣，其中姚崇等人是他提拔的，宋璟等人原先就在那裏，政風大變。狄仁傑也挑選自己的部下，專挑有才幹、有勇氣的正直人物。有人恭喜他說，他手中舉薦過那麼多大臣，對他都忠心耿耿。

「這對國家有利，不是對我本人。」狄仁傑說。

狄仁傑自己也兼任御史大夫。在「來索」時代中，和徐有功同以廉正出名的杜景儉則升為門下侍郎。有了徐有功、魏元忠當御史中丞，狄仁傑主掌御史台，武承嗣不可能像往日一樣，將御院變成誣陷的機關。

徐有功擔任御史，頭一件事就是彈劾人見人恨的劊子手來俊臣。

來俊臣回來了，身居小官，不再是全權的御史中丞。運氣轉壞，來俊臣和武承嗣之間免不了先內鬨起來。來俊臣威脅要檢舉武承嗣——更糟的是——把太平公主也牽連進去。來俊臣一向野心勃勃，一心想再度掌權。他家財萬貫，有不少侍妾，如今心情不好，難免大意起來。武承嗣和太平公主都做過不少引人非議的壞事。例如武承嗣曾經硬搶別人的侍妾，那名女子自殺殉情，她丈夫悼亡的詩句十口相傳，人人感動。茶樓酒館傳遍了這些閒話。來俊臣複述這些閒話，未免太失禮了，尤其有些事情又扯上太平公主。這是他的一大錯誤。太平公主可不是等閒之輩。她也是好政客，乾脆先下手叫人控告來俊臣的許多罪狀——勒索、收賄、濫權、霸佔民妻……等等。

來俊臣被捕那一天，百官都聯合對付武承嗣和來俊臣，洛陽人民歡天喜地，大家都恨不得喝他的血，扒他的皮。此人殺過千百位無辜良民，毀過幾千戶人家，是百姓最痛恨的人。徐有功和其他御史發現他的罪狀完全屬實。

御史的判決呈交武后批示。她壓了三天，民眾在宮外一分一秒急著等消息，想知道來俊臣會不會處死，什麼時候執行。武后的一位侍從吉頊，差一點就死在來俊臣手下，現在他駕著武后的座車在御花園裏走動。

「陛下為何不批御史偵查來俊臣的奏表呢？」吉頊問她。「全城都等著聽消息。」

「他對朝廷有功，」武后說，「我還在考慮。」

「但是來俊臣造孽如山，冤魂滿谷，整個朝廷都很興奮，等陛下批示呢。」

現在來俊臣塞上口枷，解赴法場。圍觀的民眾空前擁擠，大家搶著看最後一名劊子手行刑。他頭一落地，群眾就狂湧上去，吼聲如雷，瘋狂不能自禁。大家要好好看一看這個害許多人家夜夜不得安眠的傢伙。人類的獸性爆發了，暴民恨不能啃肉扒皮，可惜沒有機會。大家衝向屍體，搶撕最壯觀的戰利品，撕成一塊一塊的殘肢，在上面蹂踏，最後變成一片血肉泥灘；

有人抓著一個眼睛，或者一雙手腕，自己也弄不清爲什麼要這樣，然後才噁心地去開。

那天晚上，洛陽居民紛紛在家裏說，「現在我們可以安心躺在褥子上睡覺了！」這時候，武則天才知道大家多麼痛恨她用了好多年的走狗人物。爲了表明態度，她下令將來俊臣抄家滅門，「以息民怨」。來俊臣是兇手，武則天是爲民除害的大法官哩。

41

來俊臣死後，朝廷一片安詳，實在太平靜了，武后不禁問姚崇：她怎麼沒聽到謀反。武承嗣不再活躍，朝廷也鬆了一口氣。來俊臣當權的時候，百官每日出門都要對太太說，「不知道能不能再見面。」有些大官在街上被捕，關進大牢，惹上謀反的罪名，從此無影無蹤。

如今武承嗣孤立無援。狄仁傑的第一步就是要把皇嗣問題定下來。武承嗣早就遊說武后立他爲太子。因爲這是武氏的周朝。由於安金藏自殺，他陷害王子旦的企圖並未得逞；他處境不利，希望動搖。王子旦已正式賜姓爲「武」。恰好每一位大臣又都討厭武承嗣。從岑長倩和樂思晦以下，沒有一個願意支持他。他把這些人殺掉了，也想毀滅狄仁傑，幸虧狄仁傑逃過了一死。

狄仁傑不是報私仇的人，他反對武承嗣是基於更高的原則：大唐的命脈必須傳下去。武承嗣是武家人，不是李家後裔。事實很明顯，若要恢復唐朝，首先要恢復王子哲或王子旦的皇嗣地位，這一點很難對武后提出來。有一位大官李昭德曾經試過卻失敗了，而且他和武承嗣對立，終於在來俊臣行刑那一天被武后處死。

現在武則天進退兩難，以前她從沒考慮過。一個女人要建立王朝，又不讓兒子繼位，她該怎麼辦呢？這個問題很複雜，就像一個男人終生積蓄房地產，卻找不到成才的親戚來繼承。若涉及一個朝代，那就嚴重多了。很不幸。她身為女人，已經嫁入李家，她的兒子都姓李。賜姓「武」只是表面的，王子哲和王子旦是李家後裔，心情也偏向李家，她一直不想召見王子哲，如今他已經離京監禁十四年了。她還不想召他回來。她把王子旦繫在裙帶上，甚至縫在口袋裏當做最後的一文賭本。她對王子旦要如何安排呢？

還有一件事也很不幸，她父親只有兩個孫子，那就是武承嗣和武三思，他們倆是堂兄弟。她儘量成立武氏王朝，但是一看到他們，她的心就往下沉。武承嗣精力無窮，如此而已，但是他沒有手腕，沒有見識，沒有威嚴。他不應該討好薛懷義，牽馬供他上下。武承嗣和武三思專事逢迎，對某些人很傲慢，對某些人卻極盡拍馬之能事——真是暴徒兼勢利小人，引起大家的憎恨和輕視。

另外一個姪兒武懿宗，瘦瘦小小，像稻草人似的，野心也很大。現在他們都身穿紫袍，但是紫色已經平民化了，太多重犯、糕餅小販和文盲判官都穿紫色。不管武懿宗等人穿什麼衣裳，儘量撐得體面堂皇，看起來硬是不像皇帝，他們沒有氣度，沒有教養，也不如她明智和堅強。他們之中沒有一個受過適當的教育，甚至沒有人懂得尊敬讀書人或喜愛書本。推定繼承人武承嗣是她父親的長孫，外表實在太齷齪，太討人嫌，連太平公主都堅決不與他成婚。太平公主的丈夫薛紹死於諸王之亂，她願意改嫁，她看上另一位表兄武攸暨，他已有妻室；但是她一表明心意，武則天就安排攸暨的妻子離奇死亡，沒有引起太多的注意。

這時武后想選武三思當繼承人，不想選武承嗣，便徵求群臣的意見，狄仁傑和其他大臣強烈反對。武后憂心忡忡，拿不定主意。有一次她告訴狄仁傑，她夢中老是輸棋，問狄仁傑有什麼看法。狄仁傑說，此夢含義深刻。

他對武后說，「陛下，你輸棋是因爲無子，無子當然會輸嘛。」

要說動武則天放棄武家姪兒，重立唐室一王子，這可不是一件容易的事，這樣必違反她建立新王朝的原意和計劃，但是這位青天御史也是一位雄辯專家。

狄仁傑提出一個難以回答的論點，那天終於勝利了。這個論點十分簡單。武后是老太婆，一想到死後廟裏沒有人上香祭拜，便難免心生恐慌，狄仁傑真的把她嚇壞了。有一天，雙方提到這個問題，狄仁傑對她說：

「陛下該立您親生的兒子當皇嗣，這是無庸置疑的，那樣，您的神位才能在太廟裏佔一席之地，是皇帝之母，世世代代長享祭祖。一個皇帝把姑母的神牌放在太廟裏，這是很難想像的事情。①從來沒聽過這種事，也不合常例，何況陛下該考慮孰親孰遠——是母子親，還是姑姪親？連兒子都會背叛父母。陛下怎能確定姪兒永遠記得您的大恩，不冷落您或背叛您？」

這段話一針見血，祭祖的規矩和禮儀他說得明明白白，武則天也知道。她不願想像自己變成孤魂餓鬼，沒有人拜，沒有人理。她當然可以想見，她死後，武承嗣或武三思也許會冷落她——甚至羞辱她。她一向佩服狄仁傑的智慧和判斷。但是她還是不肯屈服。

「這是我自己的家務事，我自己會決定。」她回答說。

狄仁傑步步進逼。「全國都屬於皇家。政府和天下的事情，沒有一件不是您的家務事。皇嗣的問題關係著皇家，同時也關係著臣民，卑職也不例外，這是國政的基礎，必須及早確定。」狄仁傑滔滔不絕，動了真感情。「太宗歷盡鋒火，才打下帝國，他冒險犯難，建立唐室，傳給先帝高宗，高宗又托孤於陛下。王子哲和王子旦是陛下的親子，不論由哪一個角度看來，陛下都該立王子哲或王子旦爲皇嗣。」

幾年來困惑她的問題終於澄清了，武后很高興。狄仁傑指出她有兩條路，她也看出自己有兩條路，一是做下任皇帝的母親，一是做下任皇帝的姑母，哪一個比較安全？

有一天武后問狄仁傑：

「該立哪一個，哲兒還是旦兒？」

「依長幼次序，當然該立王子哲，」狄仁傑說。他的忠言一向清晰肯定。

王子哲和母親分開十四年，如今夫婦終於雙雙回到京師。不過他們歸來沒有人知道，而王子哲年屆四十，還不准和大臣會面，大家都說，王子哲有病，回來就醫。他早就習慣了恐懼和服從，他還記得年輕時代突然被拉下龍壇，從此貶調在外，他實在不知道武后召他回來幹什麼，他以後的命運如何。

狄仁傑進宮面見太后，再度催她拿定主張。難道陛下還沒有決定？否則爲什麼要保密呢？歡迎王子哲返京，用意是安定天下民心。狄仁傑說話一向很有力。他總是利用母子親情來感動武則天。

最後，武氏的母愛終於甦醒了，也可以說，她相信自己死後要長享血食，就該如此做法。她把王子哲由幕後叫出來，和顏悅色地對狄仁傑說：

「喏，我把太子交還給你！」

狄仁傑和王子都跪地謝恩，狄仁傑恭喜她做了正確的決定。

「這件事不能保密，」狄仁傑說。

「你有什麼好主意？」

「百姓沒有看到太子返京，我建議太子和太子妃再度出宮，由陛下在龍門驛正式迎接他們。這樣一來，全國都知道太子回來了。」

武后接受這個建議，他們正式演出迎接王子哲返京的場面。時當聖曆元年（西元六九八年）三月。

王子哲封爲太子，武承嗣眼看希望粉碎，世上幾乎沒有一個人支持他，現在連姑母也離棄他了。他鬱抑成疾，那年九月終於含恨去世。

哥哥封為太子，王子旦毫無怨言。第二年，我和王子旦的子女——包括當今聖上玄宗（明皇）都獲准出宮，過正常的自由生活。我當年二十七歲，當今聖上只有四十歲。我像飛出金籠的鳥雀。我能再次看到街景、店鋪和民宅，本該非常興奮，但事實並非如此，我心中的情致已經死滅了，過了好多年，我才撇下小心、沉默、恐懼的態度，開始過常人的生活。

狄仁傑漸漸老了。他已為國盡瘁。武后對他非常禮遇，每到一處，每一回公開露面，他都享盡殊榮；武后不直呼他的名銜，卻以「國老」相稱。他看出李家和武家的黨爭一定會纏鬥到底，因為武家的勢力太鞏固了，他對自己說，這些事情他一輩子無從知道，這一切將如何了結呢？他只確定一件事：情勢需要一個敢行動、有勇氣、敢下大決心的人。到目前為止，他推薦的人才，武后通通接受。他覺得危急時分已經有足夠的良臣共同行動了，有老魏元忠在，年輕的一代也有幾位正直君子，姚崇和宋璟就是一例。士氣高激，這一點最重要。

但是他心裏還有一個更高的目標，那就是推翻周朝。他有幾位知交，彼此相熟一世，他可以信任這些人。他首先想起張柬之，如今他只是一名刺史。他瞭解張柬之，此人沉默寡言，卻有非凡的才幹，他們有一個共同的特徵：都暗中打算復興唐朝，推翻周朝。狄仁傑和武則天一樣，知道一個大膽的計劃需要事先安排，換上恰當的人選，而且要有無窮的耐心。

有一天，武后請狄仁傑推薦一個人才擔任重要的工作。

「多重要？」

「我要一個才能出眾的人，能行事、能領導、能有先見之明。」

「那就要看陛下要他擔任什麼職務了。」

「我要一個日後能統領文政或武事的奇才。」

狄仁傑說，「如果陛下只要一個讀書人來佐理陛下，像蘇味道此等人才就可以了；但是陛下若想要一個有魄力、敢行事、有領導才華的人物，倒有一位張柬之。」

武后和狄仁傑說話的時候，心裏到底想些什麼，我們不太清楚。張柬之擔任京畿要地的刺史，這已經夠重要了，狄仁傑以前也做這個差事。也許武后要試試張柬之的才幹吧。

有一天，武后又要他推薦良臣。

「我已經舉薦過張柬之了。」

「我已經派他上任啦。」

「我的本意並非如此。我推薦他，不是要他當刺史，是要他當宰相！」

張柬之接著升任秋官（刑部）侍郎。最後，他終於變成政府的領袖。狄仁傑自覺大限已到，他知道自己可以含笑而終，因為他已經佈好棋子，其他的全憑上蒼擺佈。我們以後就知道，發動政變，復興唐朝的人（張柬之、姚崇、敬暉、桓彥範、崔玄暐、袁恕己）都是他推薦的。他和張柬之曾經長談過。久視元年（西元七〇〇年）他去世了，享年年七十一歲，知道政府已交到賢臣手中，張東之自會燃起火種，他用不著親自動手。這就像一樁完美的謀殺案，由青天大判官設計而成，而他正是當代最偉大的人物。

① 姑母出嫁，她死後神牌應該放在夫家那一姓的祠堂裡。

42

狄仁傑去世之前，武則天已經有了兩名新寵，那就是聲名狼藉的張氏兄弟。狄仁傑自有他的作風。他把這兩位二十出頭的少年看成女皇的「侍妾」：她的私事臣子管不著，他還有大事要辦呢。身為青天神探，他甚至可以暫時利用女皇的男妾來辦事。事實上，他曾叫這兩個人為王子哲和王子旦說話；偵探總有他自己的說服方法。他對時機訊號看得很正確，說不定他心中暗自估計，女皇道德墮落正有助於唐朝的復興，他要讓女皇作繭自縛。直爽的魏元忠告訴武后：她將毀在這兩個情夫手中，狄仁傑沒有那麼好心，他才不告訴她呢。

武則天有了儒醫沈大夫還不滿足，她找來張氏兄弟，接著情夫又增至三、四、五名，如今她成立男妾的後宮。我們不難相信，這位年屆七十五歲的老婦人想要好好享受一番。一個由「證聖」晉升到「萬歲通天」的人，難免有這種舉動。老國王無論工作的成績如何，往往找些少女來尋歡，一個女皇成立俊男的後宮享受享受，也沒有什麼不妥呀。

張氏兄弟方二十出頭，面如敷粉，相貌非常英俊——易之是哥哥，昌宗是弟弟。大家都叫他們「五郎」和「六郎」。他們進宮，總是敷粉、梳髻，口含雞舌香料。「六郎」特別優美，俗稱他「面若蓮花」。有一個馬屁精楊再思曾對張昌宗說，是蓮花像六郎，不是六郎像蓮花。雖然武后賜給張氏兄弟田宅、巨邸、傭僕和牛羊，他們卻住在皇宮裏。他們的母親臧氏曾「奉旨」——得武后恩准——和夏宮兵部侍郎李迴秀私通。

張昌宗是太平公主發現的。她掩不住內心的歡喜，特地和母親分享佳音。武后一看，女兒的話實在不錯，隔夜就封張昌宗爲「散騎常侍」。後來張昌宗又向老蕩婦說：他哥哥是春藥和回春術的專家，比他更懂得調情的藝術，武后一試，張昌宗的話果然不假。當然啦，看張易之始終得到武則天的寵信，他一定有特殊的方法來刺激和滿足這些老浪女，使武則天感激無窮。她六十九歲還生出一顆智慧齒，七十六歲還長出一副新眉毛，也許是張易之春藥的功勞吧。如果她長出鬍鬚來，誰也不會吃驚的。

張昌宗外貌較英俊，但是張易之的床笫功夫比較純熟。兩者實在很難抉擇，但是她根本用不著抉擇——她可以兩者都要，而且母女共用。薛懷義和沈大夫都被她拋到腦後。此處有青春、美貌和歡樂。直到末日來臨，武則天都不肯讓張氏兄弟離開。沒有他們，她就活不下去。

這是真正的風流韻事。有一位女秘書很喜歡張昌宗，她就是上官儀的孫女，上官儀勸高宗廢立武后，被判了死刑（第十五節），家人都籍沒爲奴，由官府處置，上官婉兒實際上是在宮中成長的。她是天才作家。現在變成宮中女官，由萬歲通天元年（西元六九六年）開始，負責起草武后的詔命。（日後在中宗治下，她曾擔任京試的主考官）。不用說，她和張昌宗之間的吸引力也許是互相的，大家常在餐桌上和賭桌上會面。

也許兩個人眉目傳情太過火了。有一天他們相聚言歡，根本忘了武后的存在。「大膽！」武后大叫道，同時把一根金質小刀拋向上官婉兒。幸虧上官姑娘立刻閃開了。若非張昌宗跪地代她求情，也許會有更嚴重的後果。小刀刮破她的額頭，從此她經常在額前一側留一束捲髮，以遮住疤痕。以後上官姑娘再也不敢和張昌宗眉來眼去，至少在武后面前一本正經。她也不是好東西，日後和中宗皇后分享她的愛人武三思，兩個女人幾乎把朝廷鬧翻了天。

張氏兄弟的風流艷史很快就化為一種典制。這兩兄弟在宮裏幹什麼，官屬何職，大家難免會問。武后當然不希望情夫們身揹左右丞或尙書的重任，甚至擔任獨立官署——軍機庫啦……等等——的主管人物，但是要止住謠言，使他們不閹割而入宮顯得名正言順，就得為他們創立新職。於是成立「控鶴府」，哥哥張易之奉派為控鶴府監。

「鶴府」和「麟台」分庭抗禮。白鶴是道家仙人騎鶴成仙的徵兆，派他們當管家未免太俗氣，又有許多實際的職責；要他們當寢宮侍衛，那又太現實了。相反的，白鶴是悠閒的象徵，遠離一切凡塵俗事。但是一個機構必須有成立的目標：武則天也想好了，這是智識研究的機構。有了機構，就要有文職人員。他們有何任務？她決定，最好的研究題材是三教，編輯人員以張易之為首，必須編一部《三教珠英》，搜集孔子名言、老子名言、佛教名言，和諸聖及小哲學家的名言。這部文選專挑發人深省的段落，捨棄深奧的玄學。

大體上，浮生若夢、萬物皆空的講稿可以導致更大的信心和高超的生活，不過有時候也會導致更實際的享樂人生觀，因爲人生苦短，萬事都是空虛的；尤其道家，信徒都想在今生今世過神仙般的逍遙日子。反正，「控鶴府」雖然有幾位學者和作家，其中的人員卻不以學術研究爲主旨，他們的官名更能看出工作的性質，官名倒也坦白，就叫做「供奉」。

其實府裏整天吃喝和賭博，武則天似乎想把「控鶴府」化爲仙宮。它位在雕樑畫棟的瑤先殿附近，令人想起整日沉迷女色而亡國的隋朝君主。後面是一里長的御花園，裏面有橢圓的池塘和兩座小島，四周花木扶疏，佈滿精雕細琢的拱門和迴廊。現在他們造出一個神話，說張昌宗前生是道家仙人王子晉。爲了讓武則天實現這個道家仙夢，張昌宗穿上道士的羽衣，手持橫笛，騎著木製的仙鶴在御花園翺翔，使大家又愛又羨。

後來「控鶴府」充滿英俊的少年，等於武氏的後宮，不免變成聲名狼藉的同性戀中心。因爲名聲太壞，竟引來一封有史以來最滑稽的「上太后書」。有一個名叫侯祥的年輕人公開說他有資格進「控鶴府」，因爲他的下腹美麗過人。七十歲老臣朱敬則早先曾彈劾來俊臣黨羽，如今聞訊大怒；他覺得自己身爲御史，有責任上書勸諫武后：

「陛下內寵，有張易之、昌宗足矣。近聞長史侯祥等，明自媒衒，醜慢不恥，求爲奉宸府供奉，無禮無義，溢於朝聽，臣職諫諍，不敢不奏。」

武后看了奏章，對朱敬則說：「多謝你上書。我並不知情！」

儒士們對這種敗德的行爲都側目相看，秉性剛烈的大臣宋璟曾當面叫張昌宗「夫人」，表示他的輕侮。還有一次，中書令韋安石看到張氏兄弟帶了一批四川商人進宮賭博，馬上把那些商人趕出門外，說他們污蔑了紫禁城的尊嚴。

朱敬則上書以後，祖母知道「控鶴府」惡名遠播。她認爲應該改名字，只稱「奉宸府」就夠了。她整日狂歡，一半的時間都消磨在床上。

滿街閒言閒語。王子哲的兒子重潤如今稱爲「皇太孫」——這是祖母的另一樣創新舉動——心裏非常不高興。他年方二十，他妹妹最近才嫁給武承嗣的兒子武延基。兄妹見面，忍不住議論祖母的醜聞。祖母聽了，非常生氣，認爲他們對長輩不敬。她年紀一大把，心腸倒沒有軟下來，反而更狠心、更粗暴，她下令杖死孫子和孫女，然後叫孫婿武延基上吊自殺。

43

這些事情不但止不住閒言閒語，反而叫大家議論得更厲害。武則天的道德愈低，反對她的勢力就愈堅強。朝臣一致起而對抗張氏兄弟，因爲他們的堂兄弟們一天比一天傲慢，横行京師，就像二十年前的瘋和尚一樣。武后養男妾來自娛，他們可以閉目不管。但是張昌宗的兄弟和他本人野心愈來愈大，經常干預朝政。這種情形繼續存在，讀書人都視爲切身的奇恥，市上已經有人貼傳單攻擊「控鶴府」的成員，攻擊「五郎」和「六郎」。他們的醜事比官差專送的聖旨傳得還要快；每一間茶樓酒館都是「控鶴府秘聞」接力站，後來有人以此爲題材，編了一本書。

魏元忠尤其受不了這一套。張昌宗的家僕妨害治安，他曾公開叫手下賞了他們一頓鞭子。張家有一位弟兄名叫張昌儀，是他手下的官吏。張昌儀作威作福，任意破壞衙門的規矩；他仗著兄弟的勢力，將衙門當做私人的財產。魏元忠當眾斥責他，而且不讓他升上俸祿較高的官職。他還上書給太后說：

「臣承先帝之顧，且受陛下厚恩，不能循忠，使小人在君側，臣之罪也。」

「小人」顯然是指武后的寵兒張氏兄弟。

如今鬥爭開始了，魏元忠一心想清理政府，除掉這些性變態人物。他不是張柬之和姚崇的核心黨人。張昌宗先發動攻勢。他在武后面前指控魏元忠，說他曾表示武后年老，大家該聯合擁護太子哲。這一類的罪名最能挑起武后的怒火，還政於兒子？只要她活一天，大家就休想！

事情變成武后寵兒和眾臣之間的大爭戰。武后認爲這是重罪，便召集眾臣會商，太子哲和王子旦也在場，她要公開詢問魏元忠，由他提出答辯。

張昌宗誘使一個名叫張說的小官指證魏元忠說過那番話。當時張說官居五品，張昌宗保證他日後飛黃騰達，狡猾的張說大概答應了張昌宗的要求。

大臣集合在偏殿，準備上朝。秉性剛烈的御史中丞宋璟對張說說：

「張說，你若傷害門下侍中，我將感到萬分遺憾。你怕什麼？難道怕那兩個娘娘腔的兄弟？這是我們的戰爭，爲我們全體而戰。你只要像男子漢大丈夫，公議自會支持你。我給你撐腰。對抗那兩個娘娘腔，就算罷官流放，也是一大殊榮。」

當時有許多文士在場。著名的史學家劉知幾也包括在內。

「光榮殉身，還是忍辱升官，隨你挑。」劉知幾說。其他大臣也勸他不要支持張昌宗。眾怒難犯，張說終於改變了主張。

魏元忠進屋，滿面怒容。一看到張說，他就說，「原來你要指控我，你這個無賴！」魏元忠的言行一向有聲有色。

張說答道，「咦，大人言重了，請相信在下。」

鈴聲一響，沒有時間繼續討論，眾臣魚貫進殿。

現在是俊美的張昌宗和飽學的文士之間一場絕妙的鬥爭。女皇上朝，問張說聽到了什麼，張說正考慮要如何上奏，張昌宗用手肘推推他。

「快，說嘛！」

張說奏稱，「陛下，昌宗在陛下面前，竟然逼我為他說話。他在外面的作為，就可想而知了。如今當著二王和諸位大人，我聲明自己未聽見侍中大人說要支持太子，反抗陛下。昌宗要我指證，卻非實情。」

張昌宗又驚愕又氣憤，他忍不住叫道，「張說和魏元忠同謀！」

武后說，「這個罪名很嚴重，無憑無據可不能亂說。」

「有事實為證。」

「什麼事實？」

「有一次我聽張說對元忠說，他該做周公。」

百官鬆了一口氣，不免哄堂大笑。咦，周公是聖人，是孔子筆下的理想君子。張昌宗說，魏元忠的野心可比周公，周成王幼年，周公曾代爲攝政，但是歷史上沒有人比周公更忠心耿耿。把某人比爲周公，等於是最高的恭維。

張說答道，「抱歉，昌宗該知道最起碼的歷史。魏大人返京，我曾去道賀。我說過，但願魏大人能比美周公。除了周公，更有誰堪爲典範？」

滿朝大笑。

張昌宗心裏很不舒服，他在武后耳邊說了幾句話。武后很生氣。「你這雙面奸徒！」她斥責張說，並且叫人把魏張二人押出去，以後再審。

第二天，張說堅持原先的說法，武后只好叫諸王和所有樞密相公開會審問張說和魏元忠。武則天的姪兒武懿宗也是判官之一。

魏元忠的案件變成熱門的主題，百官一致支持魏元忠。魏元忠是風暴中的海燕，永遠成爲奸黨攻擊的中心。他流放歸來，百官和人民都爲他喝彩，說武后「善知人」；如今二十位大官上書給武后，狄仁傑推薦的桓彥範還說要以自己的性命擔保魏元忠決無異心。

但是枕邊細語往往比法庭上的長篇大論更有效，武則天一向欣賞魏元忠，但是她不能讓自己的寵兒太失面子。不管結果有罪沒罪，她照樣將魏元忠貶調外地。

魏元忠特來向武后告別。

「臣年歲已老，生還的機會只有十分之一，請陛下聽我的忠言。有一天，陛下會想起魏元忠，並牢記老臣的忠告。」

「爲什麼？」武則天和顏悅色說。

魏元忠指指屋內的張昌宗和張易之說，「陛下將毀在那兩位少年手裏！」

魏元忠告別而去。

「元忠走了！」魏元忠走後，武則天懊喪地說。

不過事情還沒有結束。武后顯然是顛倒黑白嘛，魏元忠無故罷官，只因爲得罪了武后的寵兒，但是張昌宗還不滿意。官吏出京，親朋好友照例要在郊外給他餞行。有八位好友去送魏元忠，並設宴請他，張昌宗派人以「柴明」的名義，寫了一封密告函，說魏元忠和朋友們那天要在郊區謀反。

他們都是小官，武則天派一位御史審問那八個人。她派了一名禁衛軍官傳話給御史，「陛下說，這是很簡單的案件，請儘速回話。」

御史馬懷素認爲事情並不簡單，他不想殘害自己所景仰的魏元忠，如果罪名成立，魏元忠會在貶謫地當場處死，誰也無法插手。後來武則天——其實是張昌宗——又派人傳話：「事情很明顯，何故拖延？陛下等得不耐煩了。」

御史馬懷素只好面見太后。他找不到原告「柴明」這個人，也查不出他人在何處，身居何職。

「我怎麼知道柴明在哪兒？有這封信就夠了。」武后說。

「抱歉，陛下。除非我有機會質問原告，否則我不能輕易下判筆。」

「只要照密告函判決，不必傳訊原告。」

「有必要。我不能照紙上的證言定案。沒有原告和證人，只根據一位無名氏的信函，我無法判決一個案子，何況那人的身分和下落都沒有人知道。」

「那你打算放過奸徒？」

「臣不敢。但是魏元忠是陛下的侍中，他遠謫異地，他的朋友顯然是給他餞行嘛。我不相信魏元忠是反賊。陛下若想殺他，儘可自己行動。只要下詔就行了。但是您若要我以御史的身分判案，我只好依法行事。」

「你是說，由法律觀點，這些人應該無罪開釋？」

「臣愚昧，陛下，」馬懷素說，「我實在看不出這八個人犯了什麼罪。」

事情太明顯了，連武則天都不好意思處罰這名御史。她擱下此案，用別的恩寵來安慰張昌宗。

魏元忠三度離京，日後又回來了，比以往更受人敬愛。

44

武后和她的情夫專橫迫害魏元忠，百官心裏都留下惡劣的印象。狄仁傑推薦的賢臣，還有其他的官吏，大家都團結起來。民怨沸騰，和來俊臣得勢的時候不可同日而語。如今張氏兄弟的名字出現在告示、歌曲和小調中，變成酒店喝茶嗑瓜子的新鮮珍聞，和瘋和尚的事蹟一樣猥褻，一樣精彩。

武則天覺得很尷尬，她認爲御史沒有盡到責任。昌宗的哥哥張昌期非常富有，身居巨邸廣廈。他們愈有錢，野心就愈大，野心愈大，人緣就愈差。有一個不知名的人士常常趁黑夜在張昌期的門口寫道：「一日絲能作幾日絡？」第二天早晨擦掉，晚上又出現了，一連六、七天，總是同樣的問句：「一日絲能作幾日絡？」最後，張昌期不耐煩了，索性寫下答案：「一日亦足。」

剷除人緣極差的張昌宗和張易之，逼武后退位，這兩碼子事如今變成同一件事情了。朝廷有十五位重臣，以張柬之爲首，暗中計劃行事。他們都守口如瓶。他們大抵是狄仁傑推薦的：

有張柬之、敬暉、桓彥範、袁恕己、崔玄暐等人。許多大臣對張氏兄弟都很不滿，他們不知道復唐的秘密，卻一心想整肅武后的寵兒。這是團結的好目標，也是政變最好的藉口。

控鶴府只管藏汙納垢，只要那些人在武后的寢宮裏活動，大臣根本管不著，但是他們的勢力一天天擴展，叫人十分擔憂，大臣決定反擊。他們精神抖擻，百官都想循法律途徑來困住張昌宗，張柬之則一語不發，只對小圈子的人說出他的計劃。

多年前，張柬之曾經和知交楊元琰立誓復興唐朝，驅逐武后（看三十七節）。張柬之得勢，首先指派楊元琰為一支禁衛軍的領袖。

「我派你擔任此職，自有我的用意，」張柬之說，「可記得月夜泛長江，我們在舟上的誓言？」

楊元琰明白了。狄仁傑推薦的另一位大官姚崇也是小圈子的重要連絡線。姚崇曾勸武后派張柬之為中書令。

時機迅速成熟。長安三年（西元七〇三年）魏元忠貶調外省。次年，武后經常臥病，她一連躺了好幾月，由兩位情夫陪侍在身邊。連樞密相都見不到她。張氏兄弟滿面愁容，武后若去世，他們怎麼辦呢？武則天已經八十一歲了，最好的海狗丸和世上一切回春藥都留不住飛逝的光陰。她和情夫縱情狂歡，也不能滋補她的病體。張氏兄弟看到大家憎惡他們，便運用手腕，結交權貴，以鞏固自己的勢力。街上已經有海報出現，說他們想陰謀登基。

七月，眾臣檢舉張昌宗強佔民田，張柬之任由他們舉發，他知道合法的控訴將進一步破壞張氏兄弟的名聲，使大眾更恨他們，武后也會陷於尷尬的情境。無論張昌宗定罪，或者發生魏元忠罷官那種不公平的結果，對武后和她的情夫都是不利的宣傳。張柬之不能放過大好良機。

官吏強佔民地通常要罰銅二十磅，並免職定罪。御史們建議削除張昌宗的爵位和官職。武則天感受到政治的氣氛。她知道張氏兄弟不受歡迎。但是她覺得百官攻擊張昌宗，等於向她挑戰，向她圍攻。

面見大臣的時候，武后說：「我知道你們不喜歡他，他手下的僕從也許曾霸佔民地。但是，昌宗對朕頗有功勞，請顧惜他的過去，讓他保留原職。」

宋璟問道，「他有什麼功勞？」

武則天轉向楊再思，他是張昌宗的密友，有人寫詩罵他「兩腳狐」。

「他可有功勳？」她問楊某說。

「陛下，有的。他身懷最珍貴的藥品，讓陛下永保青春和長壽。」

楊某說的是真話，百官卻嘻嘻笑起來。

武則天說，「好啦，讓昌宗留任原職。」百官不肯放鬆。韋安石和另一位大臣送上彈劾張昌宗的奏本，並指派兩名御史調查此案。武后一看御史很認真，又使出詭計，突然把韋安石和另一位御史調離京師，訟案就懸擱下來。

不過，那年十二月，張昌宗面臨一項更嚴重的罪名，有人說他曾問一位算命先生，他當皇帝的機率有多少。卜棒上指出純陽，這是張昌宗當皇帝的徵兆。算命先生李弘泰說完，還勸他在定州立廟求福。

朝廷將那位卜者抓來審問。李弘泰承認卜棒上真的顯出純陽，可見張昌宗確實談過他當皇帝的命數問題。案件呈交到武后手中，張昌宗立刻上了一份奏摺，把卜者的話告訴她，那麼他就可以說他事先呈報女皇了。這是他的自衛方法。而且，他還要武后派他的兩名手下當御史。御史奏稱他確實有罪，但是念在他並未曾隱瞞武后，決定赦免他。

御史中丞宋璟堅持他的立場。他上奏武后說：

「昌宗屬承寵眷，復召術士占相，意欲何為？……雖云奏聞，終是包藏禍心，法當處斬，不得少貸。」

武則天很不高興，將宋璟的奏章擱在一邊。宋璟又上書追問：「若昌宗不伏大刑，安用國法？」

現在武后想拖延案情。

「此案需慎重處理，」武后說，「請各位稍待，我要親自閱讀文件。」

武則天不想把愛人抛給野狗。她知道這些人恨不能喝他的血吃他的肉呢。宋璟倔得像條驢，比魏元忠更不好說話。她下令派宋璟到揚州去查案，又使出調派韋安石的手法。宋璟說他在京師有重任，不肯離京。她又派他到幽州（北京）去查案。宋璟再度拒絕。

「抱歉。臣有重任，不能遵旨。照規定，地方官吏階級較高者涉及刑案，才派侍御史去調查，如是低階層官吏，就派監察御史去。我是御史中丞，除非更大案件，我不能離開崗位。」

案件懸而不決。武則天不肯交出張昌宗，他正安安穩穩留在皇宮內。大臣全力火攻，桓彥範上書給武后：

「昌宗無功荷寵，包藏禍心……此乃奸臣詭計。若云可捨，誰為可刑？」

御史台抓不到被告，就根據算命先生的口供和張昌宗對武后的自白，說張昌宗意圖謀反，該處極刑。宋璟手持報告，再度進宮要武后交出犯人。

「這是御史們的決定，」宋璟說，「求陛下將犯人交付審問。」

「不過他曾向我報告，可見心裏並無謀反之意。」

「案件交到御史台，他才向陛下報告，否則他會絕口不提的。而且這項大罪也不是一封自白書就能寬赦的，何況又不是自動招認。若為陛下的寵臣而破例，法律的尊嚴又將如何維持？」

現在武后想安撫宋璟，她一心只想解救受困的愛人，說不定御史中丞肯放過他呢。

「你肯不肯再斟酌？」

「我自知冒犯了陛下，但是責任在身，我不惜謹守崗位而死。」

情勢變成執拗的太后和執拗的大臣之間難以解開的死結。爲了挽回僵局，武后身邊的兩腳狐楊再思說，「陛下會決定。你可以告退了。」

武則天進退兩難。她不能太公開愚弄法律。唯一的辦法，就是再使出她當庭解救薛方丈的故技。

張昌宗奉召到御史台。宋璟以爲他終於成功了。他依序審問，口供都記錄下來，還沒問多少，宮中的一名特使突然帶來一紙武后的詔命，宣張昌宗火速回宮。

「可惡！」宋璟暗暗罵道。「早知道就先杖死這名無賴。現在他又脫身了！」於是正義再度受阻。老淫婦無恥插手，下賤的小白臉竟逃過了法律的制裁，她偏袒罪犯的行徑已經表露無遺。張氏兄弟的罪名早該處死，許多大臣罪狀輕得多，卻已失掉了性命。

百官早已失去耐心。不管用什麼手段，張氏兄弟非除掉不可。張柬之終於動手了。

45

十二月，案件審議中，武則天一直臥病在床。新年過了，病勢更加嚴重。宮僕或樞密相都見不到她，連她的兒子也不例外，只有張氏兄弟經常守在她床邊。

張柬之決定動手，大家一致看不起這兩個小白臉，彼此很容易找到共同的目標，他已經派友人楊元琰擔任羽林軍的一名統領。羽林軍和京畿憲兵分成好幾個單位，有騎兵也有步兵。大抵上，所謂「南衛」負責維持京師的和平與治安；「北衛」負責保護紫禁城，除了皇宮，那兒還設有不少政府機構。南北衛又分成好幾支，由六位武將統領。最重要的就是總司令李多祚將軍。張柬之曾暗中說服李多祚，他要李氏記取唐皇的厚恩，李氏爲人正直，終於在張柬之家裏對天起誓，共復唐朝。

接著，張柬之又派三名手下擔任統領。他派人去請圈內的姚崇，姚崇立刻由百里外的官署趕來看他。

「好，」他聽說姚崇來了，就把計劃通知姚崇。

政變的日子定在正月二十二日，離武后插手救張昌宗，剛好為期一個月。一切細節都計劃好了。南北衛將同時動手。南衛包抄張昌宗的手下，並控制他們京裏的家財。北衛的二千騎兵和五百名士卒則圍住皇宮，逼武后讓位。

中宗神龍元年（西元七〇五年）正月二十二日，羽林軍在皇宮的北門會合。張柬之、桓彥範、李多祚和其他領袖都來了，太子哲的一個女婿也包括在內。

李多祚和那位駙馬進宮去見太子哲。太子必須出面，因為政變以他為名，要擁他復位。這件事他一直蒙在鼓裏，此刻他又困惑又驚慌，不知道該怎麼辦、該說什麼才好。

李多祚不耐煩了。「這是大日子，陛下可知道我們要幹什麼？復興唐朝——太宗建立的大唐！我們和百官都不惜冒死復國，陛下至少該出面領導。」

太子哲還是猶豫不決，心裏直打哆嗦，「我知道張氏兄弟該殺。但是母后病重……事出突然……」

「好吧，那麼請陛下出宮，親自告訴大家：您對此事並無異議。事若不成，我們都會遭到滅門大禍。」萬一太子拒絕，他們只好逼他帶頭起義，硬擁他登基。

他的女婿王同皎哀求說：「您非參加不可，事不宜遲，羽林軍都在門外，打算開進來擁護您登基。令天的事情如果失敗了，您也不能自保。」

太子哲遲疑不決，由人扶上馬，不知道此行他會登上皇位，還是事敗被殺。

太子宅區和北門隔著一座長長的御花園，他一露面，張柬之等人才鬆了一口氣。

大家立刻開進宮門，按照原先的命令往各處進發，李多祚帶兵直搗武后的迎仙院。

張昌宗和張易之聽到喧嚷聲，出來觀望，覺得事有蹊蹺。到處都是羽林軍，全副武裝繞水池而來。有一支強大的隊伍正向武后的寢宮開去。現在他們繞過水池，湧到迴廊上。大家看到張昌宗和張易之，馬上認出他們的身分。

他們倆匆匆奔逃，知道末日來了。羽林軍首領下令追擊：一聲吆喝，士卒都拔出刀劍往前衝。大家立刻逮住這兩名敷粉施朱的少年，砍下他們的腦袋。

迎仙院就在兩百碼外，樹叢掩映，北面由精雕細琢的迎仙門與外界相通。進了迎仙門，武后正睡在長生殿內。

李多祚進入庭院，叫侍僕通通出來。張柬之和其他領袖走進屋。

「鬧哄哄的，怎麼回事？」武則天依舊頗有威嚴。「你們膽敢上這兒來？」

「請陛下恕罪，」張柬之說，「昌宗兄弟有謀反罪嫌，我們特來處置他們。他們已經死了，請恕臣等不能事先奏報。」

武后一眼瞥見自己的兒子。

「你！」她驚叫道，「快回東宮，現在他們已死，你該心滿意足了。」

桓彥範走上前。「請陛下恕罪。太子不能回宮。高宗托孤於陛下，如今該還政於太子，臣等求陛下退位，讓太子登基。」

武則天冷靜地接受這個消息，她看看眼前排列的政變領袖。

「咦，李湛，你也來了！我對你們父子（其父為李義府）恩重如山。我簡直不相信！」她對自己依舊信心十足。「你們都是叛逆，豬玀！」

「陛下，臣等感懷大恩。」崔玄暐說，「請陛下明鑒，我們此舉正是報答陛下的宏恩。」

幸虧張柬之策劃周詳，政變半小時就結束了。群臣告退，只留下李湛監視武則天，眾臣隨身帶著張氏兄弟的首級。

張昌宗的黨羽在京城各地悄悄受圍，他的弟兄也被人逮捕，昌宗和易之的首級高掛在天津橋上，民眾紛紛去看他們的兄弟和堂兄弟處死。

第二天，也就是正月二十三日，太子哲宣布代行政事，自任「監國」。正月二十四日，武則天正式讓位給他。王子旦封爲「安國相王太尉」。大唐後裔全部獲赦，恢復原先的頭銜。當年來俊臣和周興判罪流放的人員和家屬都奉准還鄉——只有酷吏本身的兒女不能免罪。

正月二十六日，武則天由護駕人員遷往城西的御花園宅邸。中宗對母親恭敬如昔，每隔十天就向她問安，報告政事。她過著軟禁的生活。日子一天天過去，她覺得這樣還不如當場被殺來得痛快。

專制的武則天此生第一次覺得無權無勢——嚐到失敗的打擊。李湛仍然守著她，等於拿她當犯人，她的自尊心受到了傷害。她孤獨無依，情夫已死。連愛女太平公主都見不著一面，她早已背棄母親，倒向中宗。

中宗很孝順，定期報告一連串的新措施，在武后聽來等於戰敗的消息，她的周朝已經推翻，一切計畫和辛勞都化爲泡影。她若是年輕力壯，能下床活動，她會狠狠對付這些忘恩負義的傢伙，想不到她親手培植這些人，他們卻背叛了她。

她迅速遭到一連串的打擊。二月三日，唐朝正式復興，一切旌旗、徽章、封號和官名都回復高宗初期的式樣；武則天的山西老家取名「北都」，如今也廢止了，洛陽去除「神都」的封號，仍然叫做「東都」。

老臣魏元忠被張昌宗貶逐，如今在眾人要求下返京，日後擔任門下侍中，又擔任中書令。武則天想起魏元忠臨行的忠告：「陛下將毀在那兩個少年手裏，有一天陛下會想起魏元忠，並牢記老臣的忠告！」

但是這還不算最壞的消息。三月裏，王皇后和蕭淑妃的親族都恢復舊姓，去除「蟒」、「梟」等汙名。五月裏，武家宗祠不再稱爲太廟，她的祖先也削去一切榮銜，這真是「現世報」，菩薩有眼，她居然眼睜睜看到這一天！

王皇后和蕭淑妃家屬的消息使她想起往事，年輕時代的往事。冤魂再度出現，使她良心不安。她該不該向這些人求和，好在陰間相會的時候宣布她已赦免她們，彼此再度友好？不過，她是彌勒佛哩，她叫人朗誦《大雲經》，聽到優美的字句，心情好多了，她想起薛方丈在世的日子。她這一輩子真可以說享盡榮華歡樂，世上沒有一個女人比得上她。她作弄過多少人，她開懷大笑。她相信自己是天地間最了不起、最有權威的女子，不管來生是上天或下地，她還要做更偉大的事情；有一件事她頗有把握：武則天的名字將永傳人間。

十一月，武則天終於在豪華的監房裏去世，享年八十三歲。她一直掛念身後的血食，遺言說她願以「皇后」——高宗賢妻——的身分受後人景仰，不願被尊爲「皇帝」（我相信高宗一想到要和她團圓，會嚇得發抖）。她最後遺言說：她已「饒恕」王皇后、褚遂良、韓瑗和王皇后的舅舅柳奭，好讓陰間的道路更輕鬆愉快些。

於是中國歷史上最浮誇、最自負、最專橫、最聲名狼藉的皇后一生就此結束了。她的惡行遺留到身後。直到後幾任皇帝剷除武家遺族，這個故事的尾聲才告落幕。

林語堂作品精選：8

武則天傳【經典新版】

作者： 林語堂
發行人：陳曉林
出版所：風雲時代出版股份有限公司
地址：10576台北市民生東路五段178號7樓之3
電話：(02) 2756-0949
傳真：(02) 2765-3799
執行主編：朱墨菲
美術設計：吳宗潔
行銷企劃：林安莉
業務總監：張瑋鳳

初版日期：2018年7月
ISBN：978-986-352-604-9

風雲書網：http://www.eastbooks.com.tw
官方部落格：http://eastbooks.pixnet.net/blog
Facebook：http://www.facebook.com/h7560949
E-mail：h7560949@ms15.hinet.net
劃撥帳號：12043291
戶名：風雲時代出版股份有限公司

風雲發行所：33373桃園市龜山區公西村2鄰復興街304巷96號
電話：(03) 318-1378
傳真：(03) 318-1378
法律顧問：永然法律事務所 李永然律師
北辰著作權事務所 蕭雄淋律師

行政院新聞局局版台業字第3595號 營利事業統一編號22759935

定價：220元

國家圖書館出版品預行編目資料

林語堂作品精選：8 武則天傳 經典新版 / 林語堂著. -- 初版. -- 臺北市：風雲時代, 2018.07 面； 公分

ISBN 978-986-352-604-9（平裝）
1.（唐）武則天 2.傳記

624.13 107007784